俄 国 史 译 丛 · 经 济

Серия переводов книг по истории России

Россия

Российская промышленность начала XX века:
источники и методы изучения

20世纪初俄国工业简史

〔俄〕斯韦特拉娜·弗拉基米罗夫娜·沃龙科娃/著

Светлана Владимировна Воронкова

王学礼/译

社会科学文献出版社

SOCIAL SCIENCES ACADEMIC PRESS (CHINA)

俄国史译丛编委会

著者简介

斯韦特拉娜·弗拉基米罗夫娜·沃龙科娃（Светлана Владимировна Воронкова） 莫斯科大学历史学博士，教授。主要从事 19～20 世纪俄国经济史、社会史研究，以及史料学和历史编纂学研究。撰写、编辑 20 余部专著和教材，发表学术论文 60 余篇。

译者简介

王学礼 世界史博士，吉林大学东北亚研究院历史所讲师。主要研究方向为俄国社会史和二战史。在《俄罗斯东欧中亚研究》《史学月刊》《社会科学战线》《吉林大学社会科学学报》《东北亚论坛》《河南师范大学学报》《贵州社会科学》等刊物发表 10 余篇文章。主持教育部青年基金项目 1 项，参与多项国家社科基金项目。

总　序

　　我们之所以组织翻译这套"俄国史译丛"，一是由于我们长期从事俄国史研究，深感国内俄国史方面的研究严重滞后，远远满足不了国内学界的需要，而且国内学者翻译俄罗斯史学家的相关著述过少，不利于我们了解、吸纳和借鉴俄罗斯学者有代表性的成果。有选择地翻译数十册俄国史方面的著作，既是我们深入学习和理解俄国史的过程，还是鞭策我们不断进取的过程，培养人才和锻炼队伍的过程，也是为国内俄国史研究添砖加瓦的过程。

　　二是由于吉林大学俄国史研究团队（以下简称我们团队）与俄罗斯史学家的交往十分密切，团队成员都有赴俄进修或攻读学位的机会，每年都有多人次赴俄参加学术会议，每年请 2~3 位俄罗斯史学家来校讲学。我们与莫斯科大学历史系、俄罗斯科学院俄国史研究所、世界史所、俄罗斯科学院圣彼得堡历史所、俄罗斯科学院乌拉尔分院历史与考古所等单位学术联系频繁，有能力、有机会与俄学者交流译书之事，能最大限度地得到俄同行的理解和支持。以前我们翻译鲍里斯·尼古拉耶维奇·米罗诺夫的著作时就得到了其真诚帮助，此次又得到了莫大历史系的大力支持，而这是我们顺利无偿取得系列书的外文版权的重要条件。舍此，"俄国史译丛"工作无从谈起。

　　三是由于我们团队得到了吉林大学校长李元元、党委书记杨振斌、学校职能部门和东北亚研究院的鼎力支持和帮助。2015 年 5 月 5 日李元元校长访问莫大期间，与莫大校长萨多夫尼奇（В. А. Садовничий）院士，俄罗斯科学院院士、莫大历史系主任卡尔波夫教授，莫大历史系副主任鲍罗德金教授等就加强两校学术合作与交流达成重要共识，李元元校长明确表示吉林大学将大力扶植俄国史研究，为我方翻译莫大学者的著作提供充足的经费支持。萨多夫尼奇校长非常欣赏吉林大学的举措，责成莫大历史系全力配合我方的相关工作。吉林大学主管文科科研的副校长吴振武教授，社科处霍志刚处长非常重视我们团队与莫大历史系的合作，2015年尽管经费很紧张，还是为我们提供了一定的科研经费。2016年又为我们提供了一定经费。这一经费支持将持续若干年。

我们团队所在的东北亚研究院建院伊始，就尽一切可能扶持我们团队的发展。现任院长于潇教授上任以来3年时间里，一直关怀、鼓励和帮助我们团队，一直鼓励我们不仅立足国内，而且要不断与俄罗斯同行开展各种合作与交流，不断扩大我们团队在国内外的影响。在2015年我们团队与莫大历史系新一轮合作中，于潇院长积极帮助我们协调校内有关职能部门，与我们一起起草吉林大学东北亚研究院与莫斯科大学历史系合作方案（2015～2020年），获得了学校的支持。2015年11月16日，于潇院长与来访的莫大历史系主任卡尔波夫院士签署了《吉林大学东北亚研究院与莫斯科大学历史系合作方案（2015～2020年）》，两校学术合作与交流进入了新阶段，其中，我们团队拟4年内翻译莫大学者30种左右学术著作的工作正式启动。学校职能部门和东北亚研究院的大力支持是我们团队翻译出版"俄国史译丛"的根本保障。于潇院长为我们团队补充人员和提供一定的经费使我们更有信心完成上述任务。

2016年7月5日，吉林大学党委书记杨振斌教授率团参加在莫斯科大学举办的中俄大学校长峰会，于潇院长和张广翔等随团参加，会议期间，杨振斌书记与莫大校长萨多夫尼奇院士签署了吉林大学与莫大共建历史学中心的协议。会后莫大历史系学术委员会主任卡尔波夫院士，莫大历史系主任杜奇科夫（И. И. Тучков）教授（2015年11月底任莫大历史系主任），莫大历史系副主任鲍罗德金教授陪同杨振斌书记一行拜访了莫大校长萨多夫尼奇院士，双方围绕共建历史学中心进行了深入的探讨，有力地助推了我们团队翻译莫大历史系学者学术著作一事。

四是由于我们团队同莫大历史系长期的学术联系。我们团队与莫大历史系交往渊源很深，李春隆教授、崔志宏副教授于莫大历史系攻读了副博士学位，张广翔教授、雷丽平教授和杨翠红教授在莫大历史系进修，其中张广翔教授三度在该系进修。与该系鲍维金教授、费多罗夫教授、卡尔波夫院士、米洛夫院士、库库什金院士、鲍罗德金教授、谢伦斯卡雅教授、伊兹梅斯杰耶娃教授、戈里科夫教授、科什曼教授等结下了深厚的友谊。莫大历史系为我们团队的成长倾注了大量的心血。卡尔波夫院士、米洛夫院士、鲍罗德金教授、谢伦斯卡雅教授、伊兹梅斯杰耶娃教授、科什曼教授和戈尔斯科娃副教授前来我校讲授俄国史专题，开拓了我们团队及俄国史方向硕士生和博士生的视野。卡尔波夫院士、米洛夫院士和鲍罗德金教授被我校聘为名誉教授，他们经常为我们团队的发展献计献策。莫大历史系的学者还经常向我们馈赠俄国史方面的著作。正是由于双方有这样的合作基础，在选择翻译的书目方面，很容易沟通。尤其是双方商定拟翻译的 30 种左右的莫大历史系学者著作，需要无偿转让版权，在这方面，莫大历史系从系主任到所涉及的作者，克服一切困难帮助我们解决关键问题。

五是由于我们团队有一支年富力强的队伍，既懂俄语，又有俄国史方面的基础，进取心强，甘于坐冷板凳。学校层面和学院层面一直重视俄国史研究团队的建设，一直注意及时吸纳新生力量，使我们团队人员年龄结构合理，后备有人，有效避免了俄国史研究队伍青黄不接、后继无人的问题。我们在培养后备人才方面颇有心得，严格要求俄国史方向硕士生和博士生，以阅读和翻译俄国史专业书籍为必修课，硕士学位论文和博士学位论文必须以使用俄文文献为主，研究生从一入学就加强这方面的训练，效果很好：培养了一批俄语非常好，专业基础扎实，后劲足，崭露头角的好苗子。我们在组织力量翻译米罗诺夫所著的《俄国社会史》《帝俄时代生活史》方面，以及在中文刊物上发表的 70 多篇俄罗斯学者论文的译文，都为我们承担"俄国史译丛"的翻译工作积累了宝贵的经验，锻炼了队伍。

译者队伍长期共事，彼此熟悉，容易合作，便于商量和沟通。我们深知高质量地翻译这些著作绝非易事，需要认真再认真，反复斟酌，不得有半点的马虎和粗心大意。我们翻译的这些俄国史著作，既有俄国经济史、社会史、城市史、政治史，还有文化史和史学理论，以专题研究为主，覆盖的问题方方面面，有很多我们不懂的问题，需要潜心翻译。我们的翻译团队将定期碰头，利用群体的智慧解决共同面对的问题，单个人所无法解决的问题，以及人名、地名、术语统一的问题。更为重要的是，译者将分别与相关作者直接联系，经常就各自遇到的问题用电子邮件向作者请教，我们还将根据翻译进度，有计划地邀请部分作者来我校共商译书过程中遇到的各种问题，尽可能地减少遗憾。

我们翻译的"俄国史译丛"能够顺利进行，离不开吉林大学校领导、社科处和国际合作与交流处、东北亚研究院领导的坚定支持和可靠后援；莫大历史系上下共襄此举，化解了很多合作路上的难题，将此举视为我们共同的事业；社会科学文献出版社的恽薇、高雁等相关人员将此举视为我们共同的任务，尽可能地替我们着想，我们之间的合作将更为愉快、更有成效。我们唯有竭尽全力将"俄国史译丛"视为学术生命，像爱护眼睛一样呵护它、珍惜它，这项工作才有可能做好，才无愧于各方的信任和期待，才能为中国的俄国史研究的进步添砖加瓦。

上述所言与诸位译者共勉。

吉林大学东北亚研究院

张广翔

2016 年 7 月 22 日

前　言

　　当代的社会需求对历史学提出了新的任务，即更加深入、全面地分析 20 世纪初的俄国社会，探寻解释俄国在 19 世纪与 20 世纪之交得以发展的这一具体历史形态的新方法，以及历经革命性变革的复杂而矛盾的俄国社会路径和方法的选择问题。[①]

　　在 19 世纪末 20 世纪初俄国社会经济发展当中，俄国工业占有重要地位，这是由工厂工业在国民经济体系中，在社会结构变革过程中，以及在新的国家和城市形态形成中所扮演的角色决定的。在将近一百年的时间里，有关俄国经济史、某个领域和生产部门历史甚至是个别企业历史的作品，都对 19 世纪末 20 世纪初俄国工业史问题有所研究。[②] 而国外学者对俄国工业发

[①]　Известной реализацией этого общественного интереса стал выход с конца 1991 г. ежемесячника "Былое" (приложение к газете "Деловой мир"), на страницах которой освещается история отдельных производств, сфер промышленного труда, история отдельных предприятий и семей российских промышленников.

[②]　Подробнее см.: Сидоров А. Л. Некоторые проблемы развития российского капитализма в советской исторической науке // Вопросы истории, 1961, N 12; Тарновский К. Н. Проблема российского государственно-монополистического капитализма периода первой мировой войны в советской историографии // Там же, 1961, N 7; Он же. Советская историография российского империализма. М., 1964; Бовыкин В. И. Зарождение финансового капитала в России. М., 1967. С. 9 – 40; Он же. Формирование финансового капитала в России. М., 1984; Воронкова С. В. Социально-экономические предпосылки Великой Октябрьской социалистической революции (К итогам изучения в современной советской историографии) // Великий Октябрь и укрепление единства советского общества. М., 1987; Бовыкин В. И. Россия накануне великих свершений. К изучению социально-экономических предпосылок Великой Октябрьской социалистической революции. М., 1988. С. 5 – 9; Тарновский К. Н. Социально-экономическая история России. Начало XX века. Советская историография середины 50 – 60 – х годов. М., 1990.

展问题不够重视，没有留下太多作品。[1]

从 19 世纪末到 20 世纪 20 年代末的俄国工业史问题，不只是历史学家在研究，还有一些与经济活动、国家管理机关、判断某个工业领域发展前景、工业中心、工业区域等有着某种联系的实业家也在对其进行研究。很多作品是以概述和数据报表形式出现的，多是为特殊活动（展销会、纪念会）而准备的材料，这些作品谈不上对历史的研究，仅具有资料性质。[2] 这一时期的俄国工业问题还引起了俄国科学界代表人物门捷列夫（Д. И. Менделеев）、谢梅诺夫 - 强 - 尚斯基（П. П. Семенов - Тян - Шанский）的重视，特别是政治流派的代表人物。[3] 他们研究的目的是为自己的政治观点提供令人信服的历史依据。这种状况本身就不可能否定工业史方面的作品，而且也不会考虑其可靠

---

[1] Итоги изучения зарубежной, в частности англо-американской историографии см.: Селунская Н. Б. Социально-экономический строй помещичьего и крестьянского хозяйства Европейской России в начале XX века (методы исследования). Рукопись докт. дисс. М., 1992. Введение, глава II; Поткина И. В. Индустриальное развитие дореволюционной России. М., 1994.

[2] См., например: Фабрично-заводская промышленность и торговля России. СПб., 1893; Производительные силы России. СПб., 1896; Антропов П. А. Финансовостатистический атлас России. 1885 – 1895. СПб., 1898; Россия в конце XIX в. СПб., 1900; Мейен В. Ф. Россия в дорожном отношении. СПб., 1902; Кафенгауз Л. Б. Развитие русского сельскохозяйственного машиностроения. Харьков, 1910; Ляшенко П. И. Мукомольная промышленность России и иностранные потребительские рынки. СПб., 1910; Гливиц И. П. Железная промышленность России. СПб., 1911; Рейсих В. Г. Очерки развития мукомольного дела в России // Мукомольное дело в России. Одесса, 1912; Скворцов А. И. Хозяйственные районы Европейской России. Вып. 1. СПб., 1914; Измайловская Е. И. Русское сельскохозяйственное машиностроение. М., 1920; Брейтерман А. Д. Медная промышленность СССР и мировой рынок. Т. 1 – III. М., 1922 – 1930; Сарабьянов В. Н. История русской промышленности. Харьков. 1926; Ильинский Д. П., Иваницкий И. П. Очерк истории русской паровозостроительной и вагоностроительной промышленности. М., 1929 и др.

[3] См., например: Струве П. Б. Критические заметки к вопросу об экономическом развитии России. СПб., 1895; Он же. Историческое и систематическое место русской кустарной промышленности // Мир божий, 1898, N 4; Туган – Барановский М. М. Русская фабрика в прошлом и настоящем. СПб., 1989; Он же. Статистические итоги промышленного развития России. СПб., 1898; Владимир Ильин (В. И. Ленин). Развитие капитализма в России. СПб., 1899; Озеров И. Х. Экономическая Россия и ее финансовая политика на исходе XIX и в начале XX века. М., 1905; и др.

性。他们决定了这些作品具有某些共同的特点，包括题目的挑选、研究的观点等。在绝大多数这类作品中，学者更为重视的是揭示俄国工业发展的基本阶段、最典型的工业形式、小手工业生产在工业劳动体系中的作用和地位问题。十月革命之后研究性质与革命前具有很大相似性，无论是在研究形式（数据报表式）上，还是从阶段性目标的角度来看都很相似，阶段性目标首先是制定国家工业化方针。[①]

　　几十年来，19 世纪与 20 世纪之交的俄国工业发展问题，在苏联历史文献中都是被当成伟大的十月社会主义革命发生的经济前提来看待和研究的。鉴于此，苏联的历史编纂学不可避免地要影响到学者对俄国工业史的研究。[②]

　　从 20 世纪 20 年代末开始，回顾性地分析 19 世纪末 20 世纪初俄国工业史的作品逐渐增多，但研究性的历史作品数量一直不多：主要是进行经济史研究[③]，个别工业领域的历史作品多从技术史的角度去研究这一问题。[④] 50

---

① Подробнее см. : Лельчук В. С. Социалистическая индустриализация СССР и ее освещение в советской историографии. М. , 1975.

② Некоторые историографические итоги см. : Сидоров А. Л. Экономические предпосылки социалистической революции // История СССР, 1957, N 4; Волобуев П. В. Экономические предпосылки Великой Октябрьской социалистической революции // Победа Великой Октябрьской социалистической революции. М. , 1957; Бовыкин В. И. Социально-экономические предпосылки Великой Октябрьской социалистической революции // Коммунист, 1977, N 8; Лаверычев В. Я. Объективные предпосылки Великой Октябрьской социалистической революции // История СССР, 1977, N 3; Советская историография Великой Октябрьской социалистической революции. М. , 1981.

③ Среди первых см. , например: Сидоров А. Л. Влияние империалистической войны на экономику России // Очерки по истории Октябрьской революции. Т. 1. М. – Л. , 1927. Ко вторым относились: Лященко П. И. История народного хозяйства СССР. Т. Н. Капитализм. М. , 1948; Яковлев А. Ф. Экономические кризисы в России. М. , 1955; Лившиц Р. С. Размещение промышленности в дореволюционной России. М. , 1955; Хромов П. А. Очерки экономики России периода монополистического капитализма. М. , 1960; Он же. Экономика России периода промышленного капитализма. М. , 1963 и др.

④ См. , например: Мокрицкий Е. И. История паровозостроения СССР. М. , 1941; Бакулев Г. Д. Черная металлургия Юга России. М. , 1953; Лисичкин С. М. Очерки по истории развития отечественной нефтяной промышленности М. – Л. , 1954; Пажитнов К. А. Очерки истории текстильной промышленности дореволюционной России. Т. 1 – 3. М. , 1955 – 1958.

年代末，在分析当时的历史编纂学形势基础上提出了最迫切的研究任务，即
"从行业和区域的角度研究 19 世纪末至 1917 年俄国大型资本主义工业的发
展"。[①] 但是进一步的实践表明，对这一问题的研究是不充分的。毋庸置疑
的是，50 年代后半期至 70 年代对垄断资本主义国家的形成[②]，工人阶级与
资产阶级的历史[③]，个别地区的经济社会史等问题的大量研究[④]，为学者研

---

① Вопросы советской науки. Исторические предпосылки Великой Октябрьской социалистической революции. М. , 1958. С. 13.

② Тарновский К. Н. Формирование государственно-монополистического капитализма в России в годы первой мировой войны. М. , 1958; Цукерник А. Л. Синдикат "Продамет". М. , 1959; Ахундов Б. А. Монополистический капитал в дореволюционной бакинской нефтяной промышленности. М. , 1959; Лившин Я. И. Монополии в экономике России. М. , 1960; Гиндин И. Ф. Государственный банк и экономическая политика царского правительства. М. , 1960; Лаверычев В. Я. Монополистический капитал в текстильной промышленности России. М. , 1963; Бовыкин В. И. Зарождение финансового капитала в России. М. , 1967; Ша - цилло К. Ф. Русский империализм и развитие флота. М. , 1968; Китанина Т. М. Военно-инфляционные концерны в России в 1914 – 1917 гг. Л. . 1969; Дякин В. С. Германские капиталы в России. Л. , 1971; Шепелев Л. Е. Акционерные компании в России. Л. , 1973; Алияров С. С. Нефтяные монополии в Азербайджане в период первой мировой войны. Баку, 1974; Соловьева А. М. Железнодорожный транспорт в России во второй половине XIX в. М. , 1975; Рабинович Г. Х. Крупная буржуазия и монополистический капитал в экономике Сибири конца XIX – начала XX в. Томск, 1975; и др.

③ Волобуев П. В. Пролетариат и буржуазия в 1917 г. М. , 1964; Дякин В. С. Русская буржуазия и царизм в годы первой мировой войны. Л. , 1967; Меркис В. Развитие промышленности и формирование пролетариата Литвы в конце XIX в. Вильнюс, 1969; Гапоненко Л. С. Рабочий класс России в 1917 г. М. , 1970; Абезгауз З. Е. Развитие промышленности и формирование пролетариата Белоруссии во второй половине XIX века. Минск, 1971; Формирование рабочего класса в Закавказье. Тбилиси, 1974; Лаверычев В. Я. Крупная буржуазия в пореформенной России. М. , 1974; Старцев В. И. Русская буржуазия и самодержавие в 1905 – 1917 гг. Л. , 1977.

④ См. , например: Очерки экономического развития Дона. Ростов-н/Д. , 1960; Экономика Белоруссии в эпоху империализма. М. , 1963; Сумбатзаде А. С. Промышленность Азербайджана в XIX веке. Баку, 1964; Вяткин М. П. Горнозаводский Урал в 1900 – 1917 гг. М. – Л. , 1965; Социально-экономическое развитие Сибири ХIХ – ХХ вв. Иркутск, 1976; Искандаров Б. И. Из истории проникновения капиталистических отношений в экономику дореволюционного Таджикистана. Душанбе, 1976; Из истории докапиталистических и капиталистических отношений в Калмыкии. Элиста, 1977; Октябрь на Дону и Северном Казкасе. Ростов-н/Д. , 1977; Гинзбург А. И. , Деева Е. А. Промышленность Туркестана накануне Октябрьской социалистической революции// （转下页注）

究俄国工业问题提供了一些经验。值得注意的是，区域性的研究，包括对无
产阶级历史的研究，一般来讲是研究一些工业欠发达的地区。在对区域、行
业问题进行大量研究的同时，他们的史料研究基础并没有对深入认识俄国工
业发展的主要进程和趋势起到明显的促进作用。绝大多数研究者只是对某个
地区的材料（局部的调查、传统的省级机关的数据、个别企业档案资料的
残片）感兴趣，很少甚至根本没有对研究结果进行总结和比较。

　　历史编纂学的上述状况导致如下情形的出现：资本主义时期的俄国工业
史作为一个独立的问题，至今没有在 19 世纪末 20 世纪初的本国历史研究体
系中占据应有的地位。[①]

　　之前的文献多是以某个地区材料为基础的区域性研究成果。[②] 其中很多

（接上页注④）Народы Азии и Африки, 1977, N 5; Болбас М. Ф. Промышленность
　　Белоруссии. 1860 – 1900. Минск, 1978; Исмайлов М. А., Умаев А. А., Велиев
　　Т. Т. Хлопкоочистительная промышленность в XIX – начале XX века // Актуальные
　　проблемы экономической истории Азербайджана. Баку, 1978; Тагиев М. Б. Темпы развития
　　и структура промышленности Азербайджана в начале XX века // Там же. Ортабаев
　　Б. Х. Развитие промышленности и торговли в Северной Осетии в конце XIX – начале XX
　　вв. Орджоникидзе, 1978; Бочанова Г. А. Обрабатывающая промышленность Западной
　　Сибири конца XIX – начала XX в. Новосибирск, 1978; Дехканов А. Из истории
　　промышленного производства в дореволюционном Узбекистане//Обществ, науки в
　　Узбекистане, АН Узб. ССР, 1978, N 10; Колосов Л. П. Грозненская нефтяная
　　промышленность в период империализма//Известия СКНЦВШ, 1979, N 3; и др.

①　Актуальные проблемы изучения истории СССР//История СССР, 1984, X 2, С. 14, 18;
　　Воронкова С. В. Социально-экономические предпосылки... С. 35. В определенной мере
　　такая ситуация является отражением общей недостаточной разработанности экономической
　　истории в нашей стране. См. об этом: "Круглый стол": актуальные задачи изучения
　　советского рабочего класса (выступление А. К. Соколова)//Вопросы истории, 1988, N
　　1. С. 12 – 13; Виноградов В. А. Состояние и перспективы историко-экономических
　　исследований//Там же, 1988, N 4.

②　См., например: Шемяков Д. Е. Очерки экономической истории Бессарабии эпохи
　　империализма. Кишинев, 1980; Клейн Н. Л. Промышленность Среднего Поволжья в
　　период капитализма//Исторические записки, 1981, т. 106; Она же. Экономическое
　　развитие Поволжья в конце XIX – начале XX века. Саратов, 1981; Кузченко
　　В. И. Промышленность Киева в период империализма//Украин. истор. журнал, 1983, N 3;
　　Социально-экономические и политические предпосылки социалистической революции в
　　Азербайджане. Баку, 1983; Социально-экономическая структура населения　（转下页注）

作品收集了各类有关资本主义工业发展进程的资料，此类资料不仅有广度，还有深度。这些资料表明，当时新兴工业区域发展日新月异，一些地区出现了大型资本主义工业；资料还反映出当时的农业资本转化问题，一些地区出现了股份制趋势，形成了区域性的垄断组织，银行发挥的作用越来越大，最终出现了在全俄生产领域发挥重要作用的工业中心。一位研究者对此类工业中心做了如下评价："通过分散在全俄各地的工业中心，完全可以看出资本主义发展的平均水平，后来的社会主义工业正是在此基础上建立起来的。这是未来的社会主义社会的物质前提。"[①] 区域性研究作品对于获取有关资本主义大工业与小工业之间关系的资料是非常重要的，包括资本主义的最初形式，以及普通商品生产的形式。这些资料再次证明了资本主义发展进程是合乎自然规律的，揭示了资本主义发展的内在动因，驳斥了自上而下优先发展资本主义的观点。

同时我们也发现，研究者们并不能坚持从方法论和历史角度去评价小工业发展问题。有些人刻意将小工业与资本主义大工业划清界限，有时无法弄清如下两个问题：第一，手工业和小工业的资本主义性质；第二，它们都是在工厂工业不断壮大这一背景下发展起来的。这使我们回忆起列宁对自由主义民粹派分子的批判，从一方面来看，任何经济类型与"手工业"都不能划为一类，手工业是特有的形式；但从另一方面来看，它又与"资本主义"是对立的，这样我们就理解了"工厂工业"。[②] 列宁指出，在俄国无法找到相对发达的手工业部门，因为手工业不是资本家经营的。[③] 列宁甚至强调："从纯理论的角度来看，不能说在发展中的资本主义社会工业企业的数量必

（接上页注②）Дона и Северного Кавказа. Ростов-н/Д., 1984；Ибрагимов М. Д. Нефтяная промышленность Азербайджана в период империализма. М., 1984；Кругликов А. Л. Текстильная промышленность России в начале XX века. М., 1992；Ефимов Ю. Д. Очерки истории суконной промышленности Симбирской губернии конца XIX – начала XX вв. Ульяновск. 1993；и др.

① Колосов Л. Н. Чечено-Ингушетия накануне Великого Октября. 1907 – 1917. Грозный, 1968. С. 56.
② Ленин В. И. Поли. собр. соч. Т. 3. С. 451. См. там же. С. 110，428 – 429.
③ Ленин В. И. Поли. собр. соч. Т. 1. С. 223.

然会逐渐减少，因为在工业逐渐集中过程中农村人口也会随之脱离农业，随着半自然的农民经济的逐渐崩溃，一些落后地区的小工业企业反而逐渐增多。"① 这种情况容易导致出现最荒谬和有害的偏见：认为俄国手工业和工厂工业是完全对立的，认为第二和第一是没有联系的，认为工厂工业是虚假的，等等。列宁接下来又写道："现有的工业各领域数据表明，手工业和工厂工业之间存在密切的、稳固的联系。"②

垄断对小工业的影响程度问题，在垄断保护下小工业长期大量存在的可能性问题，是当代历史文献中研究尚不充分的题目，而小工业与垄断组织的关系形式和依附方式问题甚至没有人进行研究。③ 其实，研究者们更应该关注的是大量的小工业，包括俄国某个地区的手工业企业，尤其是一些领域和生产部门的手工业企业。绝大多数的研究者认为发达的资本主义进展缓慢，甚至根本不存在，虽然他们可能同时还指出，这些领域不仅受到资本主义大生产的影响，还受到金融资本的影响。④ 为了避免得出类似的结论，研究者只好将俄国的工业结构与其他资本主义国家的工业体系进行对比研究。众所周知，无论是在 20 世纪初的一些帝国主义大国的工业中，还是在当代资本主义发展过程中，都存在大量的小工业，包括一些非资本主

---

①　Ленин В. И. Поли. собр. соч. Т. 4. С. 17. См. также: Т. 17. С. 25.

②　Ленин В. И. Поли. собр. соч. Т. 3. С. 452.

③　Эти вопросы частично затронуты в работах Э. Б. Мурадалиевой. См., например: Мурадалиева Э. Б. Договоры нефтепромышленных фирм-средство борьбы за монополизацию // Развитие капиталистических отношений в Азербайджане в конце XIX – начале XX века. Баку, 1981.

④　Это обстоятельство приводит даже к обратному стремлению доказать незначительность распространения мелкого производства. Подобная противоречивость оценок встречается в литературе и предшествующих этапов, и современного. См., например: Социально-экономическое и политическое положение Узбекистана накануне Октября. Ташкент, 1973. С. 61; Хоштария Э. В. Очерки социально-экономической истории Грузии. Тбилиси, 1974. С. 103 – 104, 124; Очерки кономической истории Казахской ССР. Алма-Ата, 1974. С. 22, 27; Тебуев Р. С. Зарождение промышленности в Карачаево-Черкессии. Черкесск. 1975 (гл. Ш); Гинзбург А. И., Деева А. Е., Указ. соч. С. 129 – 130, 133; Ьолбас М. Ф. Указ. соч. С. 59; Клейн Н. Л. Указ. соч. С. 191 – 195.

义的企业。[1]

最近几十年，随着可利用史料范围的明显扩大，学者对俄国工业史的研究明显活跃起来，研究领域不断拓宽。研究者们开始关注工业生产周期和进程、工业的内在结构和工业的集中过程、工业改革年表等问题。类似研究的出现，是对工业史方面，尤其是统计学方面的各种文献资料进行史料学研究的结果，同时也是研究方法不断完善的结果。[2]

在当代的历史文献中，很少有关于工业改革史问题的作品。[3] 索洛维耶娃（А. М. Соловьева）研究的问题范围虽然很广，但是她得出的一些结论值得商榷。工业改革的完成时间是 19 世纪 90 年代还是 90 年代之前，对这一问题存在争议。在俄国工业发展基本问题框架内，类似观点难以正确评价 19 世纪 90 年代的工业高涨：国家工业化进程中出现的工业高涨，是因为资本主义大工业已经取得了明显优势。在 80 年代中期至末期的重要领域和工业中心，机器生产的经济作用已经凸显。当时这一进程的社会效应也已经显现出来。对于幅员辽阔、各地区人口密度和开发程度迥然不同的俄国来讲，很多地区的生活还具有民族特色，历史机遇也明显不同，此时谈论各地区同

---

[1] См., например: Власов В. А. Обрабатывающая промышленность современной Японии. М., 1972. С. 234 – 246; Дорофеев С. И. Структурные изменения и темпы роста экономики капиталистических стран. М., 1974. С. 126 – 127; Рубе В. А. Мелкое и среднее предпринимательство в условиях господства монополий (на примере Франции). М., 1978. В. А. Рубе пишет: "... в промышленности развитых капиталистических стран продолжают существовать не только мелкие и средние капиталистическиепредприятия, но и большое количество ремесленных предприятий" (Рубе В. А. Указ. соч. С. 4).

[2] Подробнее см.: Воронкова С. В. Проблемы источниковедения истории России периода капитализма. М., 1985. С. 27 – 67.

[3] Соловьева А. М. Развитие паровой энергетики в промышленном производстве России в XIX веке//История СССР, 1978, N 2; Она же. Проблемы становления крупной машинной индустрии в России во второй половине XIX в.//Россия и Финляндия: торговля, промыслы, крупная промышленность. Л., 1984; Мельник Л. Г. Некоторые аспекты промышленного переворота в Донецком бассейне в 60 – 90 - х годах XIX в.//Украинский исторический журнал, 1980, N 7; Соловьева А. М. Промышленная революция в России//Производительные силы и монополистический капитал в России и Германии в конце XIX – начале XX в. М., 1986.

时完成或是接近完成工业改革是不现实的。不得不考虑行业内部各个生产部门向机器工业过渡过程中的差异性，很多国家的工业化进程都需要很长时间。①

　　一些研究局部地区的工业经济结构、工业资本再生产进程等复杂问题的作品已经超出了局部研究的范畴。② 特别应该提到的是涅捷辛（Ю. Н. Нетесин），因为他研究的拉脱维亚工业资本再生产问题，不仅是全俄工业资本再生产的一个不可分割的部分，而且这一过程已经成为书中专业研究的对象。涅捷辛研究的特点是使用了大量新材料，理论分析水平很高，对社会主义革命发生的社会经济条件问题进行了广泛研究。当然，涅捷辛的一些观点也是值得商榷的，或者说是需要修正的，如他认为俄国资本主义体系的本质特征是多种经济成分并存，认为帝俄社会经济是民族区域经济体系的总和。

　　近些年的历史编纂学又恢复了对工业集中问题的研究兴趣。③ 研究对象

---

① О региональной и отраслевой специфике промышленного переворота в США см. : Шпотов Б. М. Промышленный переворот в США: основные черты и особенности // Вопросы истории, 1990, N 2. Один из тезисов автора звучит так: "Судить же об уровне индустриального развития страны, отличающейся очень существенной хозяйственной неоднородностью отдельных ее частей, можно только по тому району, который является промышленным, то есть находится в приблизительно одинаковых условиях с промышленными западноевропейскими странами" (Указ. соч. С. 55).

② См., например: Буранов Ю. А. К проблеме характера и сущности строя уральской промышленности периодакапитализма (1861 – 1917 гг.) //Промышленность и рабочий класс горнозаводского Урала в XVIII – начале XX века. Свердловск, 1982; Нетесин Ю. Н. Промышленный капитал Латвии. 1860 – 1917 гг. Рига, 1980.

③ Воронкова С. В. К вопросу о соотношении степени концентрации производства и рабочей силы в губерниях ЦПР//Пролетариат Центрального промышленного района в революции 1905 – 1907 гг. Ярославль, 1982; Бовыкин В. И. Концентрация промышленного производства в России в конце XIX – начале XX в. //Исторические записки, т. 110, 1984; Мурашев А. А. К методике исчисления уровня концентрации производства и рабочей силы//Математические методы и ЭВМв исторических исследованиях. М., 1985; Он же. Концентрация производства в металлообрабатывающейпромышленности Россиив конце XIX в. //Монополистический капитализм в России. М., 1989; Лобанова Е. В. Источники и методы исследования структуры промышленности Петербургского и ЦПР в период 1909 – 1914 гг. //Проблемы историографии и источниковедения истории пролетариата （转下页注）

包括整个俄国工业体系，工业的主要领域和生产部门，以及工业区域和部门等内容。研究者们使用的研究方法不断增多，评价的集中程度明显提高，历史学家经常运用数学统计方法进行研究。当然，研究这一进程还需要进一步拟定研究方法，继续提高数据分析能力。

在现代的历史编纂学中，对俄国工业部门结构和工业布局问题的研究相对滞后，关于俄国加工工业（食品和纺织）部门分布的很多评价是错误的，研究也相对薄弱。但与此同时，正如博维金（В. И. Бовыкин）所述："有关俄国工业结构是自然发展而成的，工业结构与整个俄国国民经济是有机联系的观点被反复证明。与西欧国家一样，20世纪初俄国工厂工业中最重要的领域是食品和纺织工业，它们的发展是农业向资本主义过渡的必然结果。它们的产值占工业生产总值的一半以上。排在第3位的是冶金和金属加工业，占工业生产总值的1/5。它们的蓬勃发展主要与修建铁路和工业建设有关。总的来说，在20世纪初俄国工业中生产资料生产占工业总产值的40%左右。"[1]

在研究工业布局问题之前，首先需要解决的问题是更准确地评价个别地区的工业发展水平，研究发展的失衡和脱节问题，找到同时作为无产阶级聚集区存在的工业发源地等问题。其中一个重要任务是在划分工业和经济区域的过程中，应考虑它们在革命前俄国的实际边界，而不是之后苏联时期的区域–行政和民族–国家划分，因为苏联时期对工业区域问题的阐述不够真实。在研究这一问题时还应该把它与农业区域区分开，因为在资本主义条件下，工业中心的形成要素与农业区域明显不同。判断某一省份的工业发展水平，是研究俄国工业布局历史过程中最重要的方面。值得推荐的研究方法是

（接上页注③）Центрального промышленного района России. М. , 1990；и др. См. также работы по исследованию концентрации пролетариата: Угаров И. Ф. Численность и отраслевой состав пролетариата России в 1900 – 1908 гг. //Вопросы источниковедения первой русской революции. М. , 1977；Васильев Б. Н. Численность, состав, территориальное размещение фабрично-заводского пролетариата Европейской части России и Закавказья в 1913 – 1914 годах // История СССР, 1980, N 2.

① Бовыкин В. И. Указ. соч. //Коммунист, 1977, N 8. С. 76 – 77.

需要有佐证，研究要深入。① 在现代历史编纂学中，有关俄国主要工业区的数量和范围问题至今仍未解决，而这一问题正是判断俄国工业面貌的重要指标。在文献当中存在大量不同的观点和认识，这种分歧不仅反映在地方性的学术著作中，而且体现在总结性的作品中。② 实际上，在历史编纂学中，并未阐明列宁提出的工业中心类型学问题。③

　　近几十年来，学界开始恢复对小手工业史、农民小手工业生产发展进程、政府的手工业者政策等问题的兴趣，开始尝试从民族文化、俄国农民心理等视角去看待工业生产问题。④ 研究有关工业生产进程、工业股份制的推

① См. : Массовые источники по социально-экономической истории России периода капитализма. М. , 1979. С. 67 – 73；Бородкин Л. И. , Ковальченко И. Д. Промышленная типология губерний Европейской России на рубеже XIX – XX вв. （Опыт многомерного количественного анализа по данным промышленной переписи 1900 г. ）//Математические методы в социально-экономических и археологических исследованиях. М. , 1981.

② Сравн. , например：Лившиц Р. С. Размещение промышленности в дореволюционной России；История СССР. С древнейших времен до Великой Октябрьской социалистической революции. Т. 1 У. М. , 1968；Крузе Э. Э Положение рабочего класса в России в 1900 – 1914 гг. Л. , 1976；и др.

③ Ленин В. И. Поли. собр. соч. Т. 3. С. 518, 549. Этот вопрос получил освещение только в монографии П. Г. Рындзюнского “Крестьяне и юрод в капиталистической России второй половины XIX века”. М. , 1983. С. 126 – 197. См. также：Куприянова Л. В. Города Северною Кавказа во второй половине XIX века：К проблеме развития капитализма вширь. М. , 1981.

④ См. , например. Соловьева Е. И. Промыслы сибирского крестьянства в пореформенный период. Новосибирск, 1981；Тарновский К. Н. Организации мелкой промышленности в России в годы мировой войны//Вопросы истории, 1981, N 8；Долинин В. М. Промыслы сельскою и городского населения Вологодской губернии в конце XIX – начале XX века// История СССР, 1985, N2；Алексеев А. И. , Морозов Б. Н. Рыбные и морские зверобойныые промыслы Дальнего Востока в конце XIX – начале XX века//История СССР, 1985, N 5； Тарновский К. Н. Кустарная промышленность и царизм （1907 – 1914 гг. ）//Вопросы истории, 1986, N 7；Наумова Г. Р. Мелкая промышленность и развитие капитализма в России на рубеже XIX – XX веков//Преподавание истории в школе, 1990, N 6；Серова Е. В. К вопросу о степени распространения и динамике развития мелких кустарных промыслов в Ярославской губернии （конец XIX – начало XX вв. ）//Метод в историческом исследовании. Минск, 1991；Перепелиный А. В. Крестьянские промыслы в центрально-черноземных губерниях России в 60 – 90 – е гг. XIX в. Афтореф. канд. дисс. М. , 1992；и др.

广、国有工业状况、资本家利润来源和额度、工业产品销售市场的形成等问题的作品的问世，可以证明现阶段俄国工业史研究问题的范围在不断扩大。[1]

在关于沙皇的工商业政策、金融资本和国家垄断资本主义形成等问题的作品中，研究者对俄国工业发展进程提出了有趣的看法。[2] 博维金、拉韦雷切夫（В. Я. Лаверычев）、舍佩列夫（Л. Е. Шепелев）等人的作品是在综合研究各种形式的公文文件，大量使用期刊材料，充分运用统计资料的基础上完成的。

---

[1] Поликарпов В. В. Из истории военной промышленности в России (1906 – 1916 гг.) // Исторические записки, т. 104, 1979; Он же. О так называемой "программе Маниковского" 1916 года//Там же, т. 109, 1983; Буранов Ю. А. Акционирование горнозаводской промышленности Урала. М., 1982; Мордвинцева О. Н. Развитие акционерного дела в России в конце XIX – начале XX вв. (на примере винокуренной промышленности) //Вест. Москов. ун-та, серия-история, 1982, X 6; Бовыкин В. И. Динамика промышленного производства в России//История СССР, 1983, N 3; Соловьева А. М. Прибыли крупной промышленной буржуазии в акционерных обществах России в конце XIX – начале XX века//История СССР, 1984, N 3; Давыдов М. А. К вопросу о методике анализа рынков сбыта продукции промышленных предприятий// Математические методы и ЭВМ в исторических исследованиях. М., 1985; Кушнирук С. В. Синдикат "Продуголь" и рынки сбыта донецкого минерального топлива//История СССР, 1986, N 4; Румянцев Е. Д. фабрично-заводская промышленность и пролетариат Поволжья -накануне февральской буржуазно-демократической революции//Социально-экономическое развитие Поволжья в XIX – начале XX века. Куйбышев, 1986; Наумова Г. Р. Хлопчатобумажная промышленность России в начале XX в. (Амортизатор отрасли) //Монополистический капитализм в России. М., 1988; Поликарпов В. В. О "коммерческом" управлении государственной промышленностью в России начала XX в. // Вест. Моек, ун-та, серия история, 1988, N 4. Шацилло К. Ф. Государство и монополии в военной промышленности России (конец XIX в. – 1914 г.) М., 1992.

[2] Шепелев Л. Е. Царизм и буржуазия во второй половине XIX века. Л., 1981; Лаверычев В. Я. Государство и монополии в дореволюционной России. М., 1982; Бовыкин В. И. Формирование финансового капитала в России. М., 1984; Шепелев Л. Е. Царизм и буржуазия в 1904 – 1914 гг. Л., 1987; Лаверычев В. Я. Военный государственно-монополистический капитализм в России. М., 1988. См. также: Гиндин И. Ф. Антикризисное финансирование предприятий тяжелой промышленности (конец XIX – начало XX в.) //Исторические записки, т. 105, 1980; Дякин В. С. Из истории экономической политики царизма в 1907 – 1914 гг. // Там же, т. 109, 1983; Экономическая политика царизма в Сибири в XIX – начале XX века. Иркутск, 1984.

研究者们倾向于大量使用各方面的材料，这种趋势在国外的历史编纂学中也已表现出来。研究工业发展问题可以使用的研究资料范围明显扩大，研究方法也在增多，正如很多研究者所言，他们对 20 世纪初俄国史的整体评价发生了变化，对俄国工业发展的特殊性也需要重新评价。[①]

当时无论是在国内还是在国外的历史编纂学中，对 19 世纪末 20 世纪初俄国工业发展问题都存在很多有争议和研究不够深入的观点，这些观点在最近一些年的争论中均有反映。[②] 进入学术流通领域的各类文献资料的缺乏，限制了研究者对俄国工厂工业史问题的研究，而且这些资料不成体系，研究方法相对单一，虽然最近一二十年也做了一些工作。[③]

[①] Подробнее об этом см. в новейших исследованиях, например: Поткина И. В. Россия эпохи капитализма на страницах "Кембриджской экономической истории Европы" // История СССР, 1981, N 4; Канищева Н. И. Современная западногерманская буржуазная историография о предпосылках Октябрьской революции // История СССР, 1983, N 4; Критика основных концепций современной буржуазной историографии трех российских революций. М. , 1983; Олегина И. Н. Критика концепций современной американской и английской буржуазной историографии по проблемам индустриализации СССР. Л. , 1989; Поткина И. В. Новые тенденции в современной американской и английской историографии социально-экономического развития дореволюционной России // Монополистический капитализм в России. М. , 1989; Поткина И. В. , Селунская Н. Б. Россия и модернизация (в прочтении западных ученых) // История СССР, 1990, N 4. См. акже целую серию обстоятельных рецензий, заметок И. А. Дьяконовой о работах японских, западногерманских историков: Вопросы истории, 1987, N 7; Вопросы истории, 1988, N 2, N 12; История СССР, 1990, N 2; История СССР, 1991, N 4; и др.

[②] Волобуев П. В. Выбор путей общественного развития: теория, история, современность. М. , 1987; Старцев В. И. История Октября в новейшей литературе // Коммунист, 1988, N 15; Бовыкин В. И. Проблемы перестройки исторической науки и вопрос о "новом направлении" в изучении социально-экономических предпосылок Великой Октябрьской социалистической революции // История СССР, 1988, N 5; Поликарпов В. В. Новое направление в старом прочтении // Вопросы истории, 1989, N 3; Россия 1917 год: выбор исторического пути. М. , 1989. Отголоски споров зарубежных исследователей см. : Пол Грегори, Геннадий Зотеев. Экономический рост. Сравнительный анализ хозяйственных систем (Россия-СССР) // Коммунист, 1991, N Г, Марк Харрисон. Об экономическом росте до революции и после нее (письмо в редакцию) // Коммунист, 1991, N 9.

[③] См. , например: Голиков А. Г. , Наумова Г. Р. Источники по истории акционирования промышленности // Массовыеисточники по социально-экономической истории России периода капитализма. М. , 1979; Бовыкин В. И. , Наумова Г. Р. Источники по （转下页注）

　　此书面向的是需要全面学习了解 19 世纪末 20 世纪初俄国工业发展进程的初学者，它是以工业统计材料和工厂企业的信息手册出版物为基础编写的，这些材料中包含大量完整而准确的关于帝俄工业生产的信息。本书对工业普查材料和企业手册使用了固定、统一的资料分析方法，每一部分资料的来源都是一致的，遵照统一的资料处理原则。它非常重视普查材料和企业信息手册出版物的现实性问题，以及无主材料的鉴定问题。本书对工业普查和工厂企业手册的分析方法进行了总结，找到了分析和处理 20 世纪初俄国工业史资料的最有效的方法。

（接上页注③）истории монополий и финансового капитала. Там же. Воронкова С. В. Статистика промышленного производства. Там же. Грико Т. И. Статистические справочники Совета съездов представителей промышленности и торговли о фабрично-заводских предприятиях Российской империи // Проблемы истории СССР. Вып. X. М., 1979；Она же. Обзор статистических публикаций о промышленности представительных организаций российской буржуазии с конца XIX в. по 1914 г. // Библиограф, указатель ИНИОН АН СССР "Новая советская литература по общественным наукам. История. Археология. Этнография". 1980, N 2；Голиков А. Г. К вопросу о составе, содержании и сохранности документов акционерных компаний//Источниковедение отечественной истории. 1979. М., 1980；Мурадалиева Э. Б. Массовые источники по истории монополистического капитала в Бакинской нефтяной промышленности. Автореф. дисс. М., 1981；Милова О. Л. Промышленные переписи 1900 и 1906 гг. как источник для изучения положения рабочего класса России. Автореф. дисс. М., 1982；Лачаева М. Ю. Английский капитал в меднорудной промышленности Урала и Сибири в начале XX в. // Истор. записки, т. 108. М., 1982；Мурашев А. А. Методика обработки публикаций промышленной статистики России второй половины XIX в.//Библиограф, указатель ИНИОН АН СССР, 1983, N 2；Абрамова Н. Г. Источниковедческие проблемы изучения германских капиталов в промышленности дореволюционной России. Автореф. дисс. М., 1983；Наумова Г. Р. Российские монополии (источниковедческое исследование) М., 1984；Лобанова Е. В. К методике обработки данных промышленной статистики//Социально-экономические и политические проблемы истории народов СССР. М., 1985；Воронцова Е. А. Актовые материалы предпринимательских организаций российской буржуазии. Депонир. рукопись. ИНИОН АН СССР. N 33893 от 15. 03. 1988；Махлай М. Ф. Источники о казенных предприятиях обрабатывающей промышленности России в конце XIX – начале XX вв. Автореф. дисс. М., 1994；и др. См. о задачах развития источниковедческих исследований по отечественной истории XIX – XX вв.：Актуальные проблемы советского источниковедения. Беседа за "круглым столом" // История СССР, 1989, N 6. С. 48, 53, 58, 88；и др.

目　录

第一章
工业普查和企业信息手册出版物

　　19世纪下半期到20世纪初，俄国工业得到蓬勃发展，国家意志对工业发展产生了一定影响，这一点在各类历史资料中都有所反映，同时在上述因素的影响下，文献资料也发生了本质性的变化。[①] 在以全面研究俄国工业发展为基础的历史资料中，以下文献资料特别重要：工厂立法、贸易上的私营凭据、经济机构在经济活动中的来往公文、期刊、工业统计资料、信息手册出版物。[②] 当然，研究工业以及沙皇工业政策不能不使

---

① Подробнее об эволюции исторических источников в России в капиталистическую эпоху см.: Воронкова С. В. Проблемы источниковедения истории России периода капитализма (итоги и задачи изучения). М.: Изд-во Моск. ун-та. 1985.

② Историко-типологическая разработка данных документальных комплексов частично отражена в работах: Шепелев Л. Е. Частнокапиталистические торгово-промышленные предприятия России в конце XIX – начале XX в. и их архивные фонды // Информац. бюлл. ГАУ МВД СССР. М., 1958. Т. 10; Рыбаков Ю. Я. Промышленная статистика России XIX в. М., 1976; Массовые источники по социально-экономической истории Россий периода капитализма. М., 1979; Литвак Б. Г. Очерки источниковедения массовой документации XIX – начала XX в. М., 1979; Грико Т. И. Промышленная статистика предпринимательских организаций российской буржуазии (конец XIX в. – 1914 г.). Дисс. на соиск. уч. степени канд. истор. наук. М., 1980; Шепелев Л. Е. Царизм и буржуазия во второй половине XIX века. Л., 1981; Боханов А. Н. Буржуазная пресса России и крупный капитал. М., 1984; Наумова Г. Р. Российские монополии. М., 1984; Рыбаков Ю. Я. Промышленное законодательство России первой половины XIX века. М., 1986; (转下页注)

用资产阶级企业主团体的文件、回忆录、经济文献、政论作品，以及其他类型的史料。而且，上述资料最具有连续性，一方面是工业运行的条件（工厂立法），另一方面是工业企业的日常活动、组织形式、生产部门发展的方向（凭据、期刊和公文处理）和结果（统计资料和咨询手册）。在这些资料当中，有一部分材料由于自身社会功能有限，不可避免地存在局限性和不完整性。这些材料包括立法、各类国家标准、工业活动说明或规章，以及能够间接地反映工业发展水平的材料。报刊资料只是对工业史的个别过程和观点进行了深入研究。涉及公文处理以及私人合法的商业凭据，它们只是简单记录这些信息，一般处于初级水平。当工业企业的有价证券保存得不够完整时，这些信息就会存在不完整等缺点。在发现和随后整理这些公文和凭据资料时，需要进行大量的研究工作。工业企业统计资料和信息手册出版物具有另外一种特点，要么只记录下了基本信息、个别工业企业的信息，要么集中记录某个生产部门、某个行业、某个地区（省、地区、国家）的工业数据。统计资料与19世纪末20世纪初的信息手册出版物的区别在于，统计资料将统计对象的历史事实和特征都记录了下来，这样统计难免出错。此外，统计学的发展造成了统计观察结果的重复。在研究者的统计结果当中包含有关俄国工业的大量数据，这些数据具有均质性、全面性、细致性、美观性和可比性。

俄国统计学在19世纪才逐渐进入发展轨道，工业统计学作为经济统计

（接上页注②）Мурадалиева Э. Б. Некоторые вопросы анализа договоров нефтепромышленных фирм（конец XIX – начало XX в.）// Источниковедение отечественной истории. 1984 г. М., 1986；Воронцова Е. А. Документальные материалы представительных организаций российской буржуазии съездов предпринимателей. Дисс. на соискание степени канд. истор. наук. М., 1988 Голиков А. Г. Российские монополии в зеркале прессы. М., 1991；Галахов В. В. Некоторые вопросы изучения статистических материалов промыслового обложения// Историч. записки. Т. 109. М., 1993；Воронцова Г. А. Периодическая печать представительных организаций российской буржуазии // Очерки периодической печати России в начале XX в. М., 1993；и др.

学的一个重要方面，有自己的研究对象、研究规律和内在逻辑。[①] 工业统计学制定了一套指标体系，这些指标从多个方面对俄国工业生产做出了评价。例如，企业数量，企业中的工人数量，发动机类型，发动机数量，发动机功率，使用的设备，使用原材料、燃料的数量和成本，工资开支，生产产品的数量和产值，等等。在资本主义时期的俄国，工业生产统计学的发展历程大致可以分为两个阶段——19 世纪后半期和 20 世纪初。第一阶段与 1861 年的改革前联系紧密，主要是日常统计核算，各个国家机构均是如此。第二阶段的特点是以工业普查和调查的方式为主。[②]

　　第一阶段统计的俄国工业资料多是工厂的报表，每年厂长都会给商业厅和财政部提交报表。虽然采矿工业企业的报表和需要缴纳消费税的生产单位（火柴厂、酿酒厂、制烟厂）的报表在内容上存在区别，但都可以归为一类。这些报表都提交到国有资产部下属的矿务局和财政部下属的税务

①　Общие вопросы развития российской промышленной статистики см. , например, Торгово-промышленная статистика // Энциклопедический словарь Брокгауза Ефрона. Т. XXXIII, п/т. 66. СПб. , 1901; Юбилейный сборник ИСК МВД. СПб. , 1913. Варзар В. Е. Очерки основ промышленной статистики. Ч. 1, Ⅱ. М. ; Л. 1925 – 1927; Ден В. Е. Источники важнейших отраслей хозяйственной статистики СССР. Л. , 1929. Розовский Л. Из истории русской промышленной статистики // Вестник статистики. 1953, N 5; Он же. Переписи русской промышленности 1900 и 1908 гг. // Очерки по истории статистики СССР. Вып. 3. М. , 1960; Шифман А. Г. К вопросу об истории дореволюционной промышленной статистики в России // Учен. записки МЭСИ, 1957. Т. 8; Воробьев Н. Я. Очерки промышленной статистики в дореволюционной России и в СССР. М. , 1961; Гозулов А. И. Очерки истории отечественной статистики. М. , 1972. Рябушкин Т. В. , Симчера В. М. , Машихин Е. А. Теоретические концепции и отечественной статистике. М. , 1986; и др.
②　Подробнее об эволюции статистических источников и справочно-информационных изданий по истории промышленности см. в работах; Рыбаков Ю. Я. Промышленная статистика России XIX в. ; Грико Т. И. Промышленная статистика предпринимательских организаций российской буржуазии (конец XIX в. – 1914 г.); Воронкова С В. Промышленная статистика в России в последние десятилетия XIX – начале XX в. (К проблеме эволюции статистических источников) // Проблемы источниковедения истории СССР и специальных исторических дисциплин. М. , 1984. Она же. Массовые источники по истории промышленности России конца XIX – начала XX вв. Дисс. на соискание уч. степени докт. истор. наук. М. , 1993.

局。[1]

20 世纪初俄国共进行了 3 次工业普查，分别是 1900 年、1908 年和 1910 ~ 1912 年。对工业进行阶段性的统计调查，不仅有助于满足社会对于获取有关俄国工业生产的更细致、更全面、更具代表性的信息的需求，还可以为政府制定工商业政策提供信息保障。19 世纪的最后几十年，普查机构对统计调查表进行了改革，对工业进行了独立调查。

最重要的改革成果有两个，其中一个是 1882 年在莫斯科举办了全俄工业艺术展览会。关于工业企业的"问卷调查表"纲要特别详细地列出了企业的技术设备、设备的功率、生产单位的特点和组织形式、企业中工人的结构和数量。特别明显的进步就是使用了"问卷调查表"这一普查系统。

按照财政大臣维特的建议，1895 年进行了第二次调查，其目的不只是搜集有关工业发展的信息进而实现政府对工业的保护，更是希望通过完善统计表纲要，进行统计调查表改革，从而更准确地判断工业企业的特征。1895 年的统计表准确地说应该叫调查表，包括 35 个问题，其中很多问题本身就是表格系统和系列问题的组成部分。调查表收集了有关企业所在地、企业所有者、不动产形式、企业所属行业、产量和销量、原料和燃料、发动机类型和功率、机床和机器、机器的生产能力、每年的工作日数量、企业缴税额度等信息。大量问题都是围绕企业的工人结构、工作时间、各类工人的工资、居住条件、医疗救助状况等出现的。[2] 同时代的人发现，工厂企业有两个最基本的标志：企业的工人不少于 15 人；或者是有蒸汽发动机，即使工人不足 15 人。这两个标志从 1895 年开始一直保留在俄国工业统计当中。[3] 工业

① Подробнее см., например：Кеппен А. Статистический очерк горной промышленности России с 1860 г. по 1877 г. СПб., 1879；Воробьев Н. Я. Очерки промышленной статистики... С. 14 – 17, 19 – 20.

② Об обследованиях 1882 и 1895 гг. см.：Воронкова С. В. Статистика промышленного производства // Массовые источники по социально-экономической истории России... С. 41 – 46.

③ Ленин В. И. К вопросу о нашей фабрично-заводской статистике // Поли. собр. соч. Т. 4. С. 5 – 9.

企业的认定条件有所提高，虽然无论是 1895 年的调查表，还是实际收集到的数据都与标准存在一定差距。与之前的工厂统计资料相比，认定条件的提高导致只有规模更大的企业才可以登记注册。1895 年进行的调查统计使用的是一套新的行业和部门的分类系统，第 3 次工业普查也使用了这套系统。

　　20 世纪初进行的第 3 次工业普查在调查对象上与前两次存在一定差别，因为不同的调查对象反映的是不同的俄国工业领域结构和分布特征（详见表 1-1）。

　　普查纲要是如何解决有关工业统计的重要方法论概念的呢？在 1900 年普查期间认为这些问题很重要，它的任务就是在实践当中"按照大量专家协助制定的宽泛的大纲，事先选定需要进行统计调查的工厂工业所属的工业部门"，通过统计调查制定正确的研究方法，进而研究加工工业领域的需求和生产现象。①

表 1-1　俄国工业普查资料的相对特征

信息	地区、省份和州的数量	工业、行业、生产单位	收集资料的方法
1900 年普查	欧俄地区 68 个省和州	加工工业 不需要缴纳消费税的生产单位，自来水厂、电车仓库、电站除外	给企业主分送调查表，收集调查表并对工厂检查员提供的数据进行初步检查
1908 年普查	全俄 80 多个省和州	加工工业 需要缴纳消费税的生产单位，采矿冶金企业，包括国有经济：储酒仓库、海军部的工厂、铁路工厂、巴库的石油行业（采矿）	给企业主分送调查表，收集调查表并对工厂检查员和省（州）的机械师提供的数据进行初步检查
1910~1912 年普查	欧俄地区约 70 个省	加工和采矿（开采矿石和其他矿物）工业	给企业主分送调查表，收集调查表并对工厂和矿山检查员提供的数据进行初步检查

　　注：工业普查不包括芬兰。

---

　　①　Статистические сведения о фабриках и заводах по производствам, не обложенным акцизом, за 1900 год. СПб., 1903. Предисловие.

在调查纲要的基本说明中，在有争议的普查单据和表格中，在数据采集部门的通告中，在普查资料的出版物中，均可以发现没有获得详细说明的工业企业的标记。在1895年调查过程中所拟定的调查表标准被重复使用：15个工人，有蒸汽发动机，接受工厂或是矿业检察机关的监督。工业企业的生产规模也要达到19世纪80年代中期报表中规定的标准：年产值不低于1000卢布。

然而，将实际收集到的资料与出版物当中的统计分析进行对比可以发现，普查中的经济指标是行政机关制定的。例如，1900年普查就是按照受工厂检察机关监督的企业标准去调查的。实际上组织者们是按照具有生产部门特点的指标去调查的。当然，不受工厂检察机关监督的小企业的数据除外。下列数据就可以证明这一点：工厂检察机关的报告汇编资料显示，1900年末[1]在欧俄整个工厂区共有18133家企业，而1900年普查资料登记的企业只有12702家。1912年受工厂和矿业检察机关监督的企业超过2.1万家，而在1910~1912年普查数据汇总表中只显示13200家，包括受矿业检察机关监督的企业。[2] 另外，正如一些企业数据所表明的，在普查过程中不仅按一定标准挑选调查对象，需要考虑年产值、工人数量和是否有机械发动机，而且实际上存在提高认定标准的问题。例如，1900年普查数据中很少能找到年产值低于5000卢布，工人少于10人的企业[3]，而这类企业占企业总数的一半左右。这类情况在1908年的普查数据中依然存在。

在工业普查过程中工业企业认定条件发生了明显变化，将1895年的调查数据与1900年的普查结果（有关消费税企业的补充资料、西伯利亚和中亚企业数量的指标[4]）进行对比很容易发现这一问题。因为在这些数据的基

---

① См.： Свод отчетов фабричных инспекторов за вторую половину 1900 г. СПб.，1902. С. 3 – 4.

② Фабрично-заводская промышленность Европейской России в 1910 – 1912 гг. Общие итоги. Пг.，1915.

③ Статистические сведения о фабриках и заводах... СПб.，1903. С. IX.

④ Данные за 1895 г. взяты из подсчетов В. И. Ленина（см.： Ленин В. И. Поли, собр. соч. Т. 4. С. 13）. Данные по переписи 1900 г. см.： Статистические сведения... за 1900 г. Предисловие. С. XI. Число акцизных предприятий подсчитано по "Списку фабрик и заводов Европейской России"（СПб.，1903）.

础上，对工业企业特征还存在某种形式上的判断。结果就是，在 1895 年登记的企业有 14578 家，而 1900 年登记的企业为 15992 家，登记的企业数量没有明显增加，虽然在 19 世纪 90 年代工业高涨期间企业数量增加得非常明显。

在普查过程中成功地解决了企业作为统计单位这一问题。在俄国工业统计中，考虑到企业作为经济单位，与企业下设的一些分支机构之间的生产关系是不可分割的，因此不允许统计得过于细致，甚至对单位进行了合并。对车间、企业和所有作坊的部门，以及同一个所有者名下的企业或者股份公司的部门等概念进行区分，是完全符合工业统计学要求的。这些统计原则并不能反映某个公司和家族的经济实力。

在探讨作为监督对象和统计单位的"工业企业"这一概念时，需要指出的是，将俄国统计数据与其他国家普查结果，包括与德国职业技术－手工业普查结果进行对比是非常复杂的，因为后者"工业"一词在广义上还包括贸易和交通道路。这就需要对大量小企业进行统计。这样一来，某些人从事的手工业也可以称作个体企业，作为一个统计单位出现。德国的统计标准最终被列宁废除："这些小企业主不能列入统计范畴：马车夫、报信者、掘坟穴的工人、卖水果的小贩、裁缝，虽然他们像资本家一样在自己家工作。"[1] 还有一点需要补充，即有一些企业车间被当成单独的统计单位，这样的企业数量也不少，都登记在册。例如，在 1907 年普查过程中就存在这种现象。资料显示，在德国，"工业"一词含义广泛，工人达到 50 人的企业有 320 万家（包括 150 万家个体企业），工人超过 50 人的企业有 3.1 万家。[2] 这些情况迫使我们在对比俄国和德国大型企业在企业总数中所占比例问题时要特别谨慎。

工业企业的区分标志问题，与工业普查过程中使用的划分生产单位所属行业的方法密切相关。为了解决 1895 年调查过程中使用的行业分类法存在的问题，1898 年以著名的地方自治局统计学家瓦尔扎尔（B. E. Варзар）为

---

① 　Ленин В. И. Поли. собр. соч. Т. 4. С. 205.

② 　Там же. Т. 24. С. 64.

首的专家们，提出了一套区分生产单位及其组成部分的系统。瓦尔扎尔是90年代财政部为开展工业统计工作邀请来的。生产单位的特征主要是通过生产材料、加工方法，包括技术程序过程的特点、产品的用途等来判断的。[1] 可以说，3次俄国工业普查基本上将工业分为12个部门。它们的分类编号和全称如下：

1. 棉花加工业
2. 羊毛加工业
3. 丝绸加工业
4. 亚麻、大麻和黄麻加工业
5. 混合布料和纤维材料加工业
6. 生产纸浆和纸板，纸质出版物，印刷业
7. 木材加工业
8. 金属加工业，机器和工具制造业
9. 矿产加工业
10. 畜产品加工业
11. 食品加工业
12. 化学生产部门

上述分类是系统化的，反映出了实际的工业部门结构，但同时也存在将不同种类的生产部门归为一类的情况。为了克服这些不足，无论是在调查期间统计企业还是在处理获得数据的过程中，首先关注的都是某一行业中生产部门的发展水平。

共划分出286个生产部门。为了避免统计过于细碎，在处理数据过程中将它们合并为一类。在每一次普查过程中生产部门的实际分类都各具特点。1900年分成上述12个行业，其中包括171类。1908年普查范围的扩大导致行业分类发生了如下变化：增加到13个部门（增加了电站和自来水），还

---

[1] См. об этом: Варзар В. Е. Воспоминания старого статистика//Методологические вопросы в экономической статистике. М. , 1976. C. 197 – 200.

有第 8 类、第 11 类和第 12 类行业中增加了部门（第 8 类增加了海军部门的
工厂，矿产加工和金属加工；11Б 增加了缴纳消费税的生产部门，12Б 增加
了石油开采和输送部门）。行业种类有所增加，达到 205 种。在 1910 ~ 1912
年普查过程中再次将生产部门划分为 12 类，但是它们的编号发生了变化，
金属熔炼和加工业中补充了有关矿石和矿物开采企业的资料。

全俄工业普查提供了计算工业企业活动的一些复杂指标的方法。有统计
产值和订货进款的方法，有统计主要生产部门工人数量的方法，甚至有统计
次要部门、某一领域工人数量的方法，判断企业生产能力和动力状况的方
法，分析工业中的开支和生产消费结构的方法，等等。

1900 年普查的调查表由基本信息表和 "A" "Б" "B" 三类表格组成。
基本信息表包括需要研究的基本问题清单：关于企业成立时间、所有者、生
产结构、每年和每天的劳动时间、工人结构、劳动力性别和年龄结构、工人
在生产中扮演的角色和参与性质（在企业工人起到的是辅助和次要的作
用）、发动机的数量和功率、燃料和原料需求、工资开支、用于修建厂房的
开支、工厂的管理机构和慈善机构、生产成品和半成品的成本。按照表格
"A" 企业主应该提供有关每年工作日的数量、每昼夜劳动时间、工人数量、
机械设备等信息。表格 "Б" 包括一年内工厂加工的原材料（或者半成品）
的情况。表格 "B" 分析的是有关生产企业自己生产或是按订单生产的商
品、成品（或者半成品）和制品的数量问题，以及工厂的产值。[①] 表格
"A" "Б" "B" 以生产企业为单位进行填写。

1908 年普查调查表在基本的方法论原则方面与 1900 年的调查表一致，
只是形式更为简单。有关原材料数量和成本问题，以及企业的技术设备等数
据都没有被列入表格。这是在对结果进行校对，因为有关原料的数据，在判
断企业年产值指标准确性过程中所发挥的正是检查问题的作用。在两次普查
过程中，调查表问题的相似性保证了它们数据的可比性。同时，调查对象以

① Программа переписи была опубликована в Труды Вольного экономического общества
(1903, N4), а также в книге: Варзар В. Е. Очерки основ промышленной Ретики. М.; Л.
1925. Ч. 1. С. 141 – 145, 150 – 151.

及基本数据的不同决定了 1900 年和 1908 年普查资料存在明显差异。1908 年普查可以获得更多的工业企业的信息，因为调查的企业数量更多；而 1900 年普查在获取工业企业状况的完整信息上更具优势，因为它的调查表更为细致。

1910～1912 年普查具有明显的特殊性，在普查过程中收集工业数据主要是为工商业部审查俄国关税税则服务。[①] 调查表非常简洁，甚至在涉及企业所属行业、厂址、生产方式等问题时也是如此。有关产值的数据是以所有部门总收入的形式表现出来的。有关工人数量的数据只是根据生产中工人的昼夜平均数计算出来的，也就是不包括备用的工人。调查表主要是由有关开采和生产产品的数量和销售额的表格构成。表格分为两个主要部分：第一部分是生产（开采）的所有产品的数量清单；第二部分是销售的产品，以及销售产品的数量和销售额。调查表的所有数据都是连续 3 年的：1910 年、1911 年、1912 年。表格包含各个行业生产产品的详细清单。1910～1912 年普查按照统一的纲要对很多采矿和加工工业部门进行了统计调查，与以往的普查相比具有很大优势，考虑到了采矿工业在整个俄国经济结构中的作用。然而，1910～1912 年普查资料在调查对象信息的全面性上，以及在调查对象的数量上都要逊色于前两次普查。1900 年普查资料刊印在《1900 年无须缴纳消费税的生产部门的工厂统计资料》（圣彼得堡，1903 年）中，该出版物是受工业部的委托，由工厂检查员瓦尔扎尔主编的。出版物中公布了细分为 171 类的 12 个工业部门的信息资料。每个工业部门都包括各省的数据，主要是 10 个经济区的数据。每个省各个部门的汇总数据主要集中在四个表格中："企业总的经济和技术数据""加工和消耗的材料的数量和成本""制造出来用于销售的成品和半成品的数量和成本""工人数量，劳动时间，主要的工具、仪器和机器设备的数量"。

前三个表格是可以相互比较的，因为表格中基本的计算单位都是企业。

---

① РГИА, ф. 23, оп. 16, д. 47, л. 3.

最后一个表格是按另一种方式建立的：主要是统计单个生产单位，有代表性的单一型和复合型企业。

1908 年普查资料也收录在《1908 年帝俄工厂工业中加工工厂统计资料》（圣彼得堡，1912 年）中。它与上一个出版物一样，也是瓦尔扎尔主编的。1908 年普查表格不如 1900 年普查出版物详细，表中各类指标的数量有所减少，但工业领域发生了一些变化，也产生了一些新数据。例如，企业接入总的供电网络后就出现了交流型电动机，相应地增加了"动力类型"一栏。1908 年普查资料出版物坚持了 1900 年出版物的基本原则：包含 13 个工业部门的数据，以及各省和各地区每个单独生产单位的数据。

瓦尔扎尔主编的 1908 年普查出版物，主要特点和优点是尝试对普查资料进行统计分析。这一特点在出版物的第一部分就得到了体现，该部分由统计结果的文本评定和基本总结的综合表格组成。

1910～1912 年调查资料由 12 个工业部门卷（每个部门 1 卷）和 1 个专门的"总结"卷组成，名称是《1910～1912 年欧俄的工厂工业》，1914～1915 年陆续出版。每一卷都包括表格数据简介、统计说明以及数据资料完整性说明。调查资料主要包括两类表格：1910～1912 年制造和出售的产品和制品的数量以及它们的平均价格；1910～1912 年各个领域中企业和工人的数量、第一类表格包含详细的产品清单，通过清单很容易判断出俄国工业生产的种类。俄国工业部门体系中出现的新生产部门在 1910～1912 年的普查资料中也有所体现。

在编者看来，各卷的内容都应该对评价"俄国工业的生产能力"有所帮助。[1] 为此，工艺工程师博尔津科（К. И. Борзенко）、莫纳霍夫（А. Д. Монахов）、雅基莫夫（А. П. Якимов）编纂了出版物的"总结"卷。"总结"卷其实就是整个 12 卷的摘要。这里没有详细的生产单位名称，数据只是各生产单位和各工业部门的总和。企业和工人数量、销售的成品和按订单

---

① РГИА. Там же.

生产的产品总额都是相联系的。所有数据都是 1910 年、1911 年和 1912 年的。出版物的主要缺点是，经常将某一类企业和生产单位的数据排除在总数之外，包括缴纳消费税的生产单位、面包房，以及一些采矿企业的数据。[①] 1910~1912 年普查出版物中不包括动力设备的指标，以及工业区域分布特征，与 1900 年和 1908 年普查相比，此次普查最大限度地压缩了资料的信息空间。

1900 年、1908 年和 1910~1912 年调查过程中收集到的统计数据，以及它们在汇编出版物中反映出的特点，有利于我们研究 20 世纪初俄国工业发展的重要问题：工业生产的行业结构，工业的区位分布，生产单位的技术和动力设备的水平，工业产品的种类，生产集中过程和其他一些问题。

需要再次强调的是，由于工业企业有一定的认定标准，因此普查材料反映的只是规模较大的工厂工业的发展状况。工业普查数据的编者和研究者们不止一次地强调和提及这种情况。在 1900 年普查资料出版物的前言中，瓦尔扎尔指出，在那些小手工业生产和手工业占主导的行业和生产部门，普查资料明显不足，普查资料反映出的这些领域的生产能力状况严重失真。[②] 有关俄国技术教育的发展方案也曾提到类似情况，1910~1912 年普查资料数据汇总表正是作为该方案的附件出现的。方案中说："普查统计的只是工厂检察机关登记的工厂企业，小企业不在统计范围之内，虽然它们散布在全俄各地，构成了直接使用人们劳动的一些行业。当工厂企业发展到一定阶段，人们劳动便不是消极地站在机床和机器旁，自动地完成自己的工作，而是要寻找一种独立的形式，以他们更容易接受的方式在技术生产领域劳动。"[③]

20 世纪 20 年代一些著名的统计学家和经济学家［瓦尔扎尔，卡芬高兹

---

①　РГИА，ф. 23，оп. 27，д. 76，л. 32. Историческая справка о статистических трудах Министерства торговли и промышленности. Составл. В. Семеновым – Тян – Шанским.

②　Статистические сведения... за 1900 год. С. 1 – 11.

③　РГИА，ф. 23，оп. 27，д. 121，л. 15.

（Л. Б. Кафенгауз）〕尝试着对有关全俄工业状况的各类统计材料进行整理，并形成资料集。《国民经济发展 40 年间俄国和苏联工业动态》的出版正是他们工作的结果。[①] 此出版物只有第一卷没有被禁止出版，该卷是关于 1887 ~ 1926 年工业统计数据的。该卷三部分中的每一部分都相应地包含 1900 年、1908 年和 1910 ~ 1912 年的普查资料。该出版物在前言中阐明了研究计划、方法论原则，而且特别细致地对所用材料进行了分析和整理。该出版物中的统计资料整理得特别系统，要么按照企业所在区域整理，要么按照所在行业归纳。[②]

在资本主义时期的俄国，史料发展的一个重要特征是出现了各类信息手册出版物，包括工业方面的信息手册出版物。信息手册出版物是以公布原始统计数据的形式出现的，收集的资料包括报表、调查表、表单以及调查过程中关于工业企业的问卷等。一般情况下，信息手册出版物中包含的只是收集到的一部分数据资料。信息手册出版物是统计调查出版物唯一的形式，或者说是对普查结果进行的加工处理。社会对各类事件、调查对象和进程等信息的需求明显增加，这就要求我们有针对性地收集数据资料并形成各类手册。收集数据可以通过对相关调查表进行专业的分派来完成，也可以借用已有资料，包括统计汇总表中的信息。在俄国，信息手册出版物的普及，不仅表现在包含工业信息的大量手册的出现，还表现在包含部分工业企业数据的出版物的大量问世。

信息手册出版物与普查材料、调查资料、现有的统计出版物之间存在类型上的差别。最近经常出现有关某些现象和进程的统计研究结果、信息处理的固定要素、信息分析、现有结果的总结等资料。这可以在信息系统化的各种形式中体现出来：分析和汇总表、累计数据、总计、多角度的文本分析

---

① Динамика российской и советской промышленности в связи с развитием народного хозяйства за сорок лет (1887 – 1926 гг.). Т. 1. Свод статистических данных по фабрично-заводской промышленности с 1887 по 1926 год. Ч. 1 – 3. М.; Л. 1929 – 1930.

② Подробнее о методике разработки данных в этом издании см.: Бовыкин В. И. Динамика промышленного производства в России (1896 – 1910 гг.) //История СССР, 1983, No. 3. С. 20 – 22.

等。各种类型的数据资料在普通用途的手册中非常有代表性。

在此类资料中，更为典型的形式是"指标"、"清单"以及一些工业企业的"统计表"。可以说，这些形式标志着此类手册在不断发展。

三项《工厂指标》就属于19世纪下半期的此类出版物，《工厂指标》以报表数据为基础，是有关俄国工业企业的第一批手册出版物。①

在1895年贸易和工厂手工业部的工业调查资料基础上，1897年兰戈沃伊（И. П. Ланговой）和米哈伊洛夫斯基（В. И. Михайловский）编辑了《工厂清单》。这是19世纪俄国工厂统计领域仅存的重要参考资料。② 该《清单》由前言、全俄工厂名单及其经济指标组成。该《清单》中的数据是按照行业和区域的特征进行分组的。1895年调查表中的35个问题被列入清单的有：企业名称、所在地、所有者、企业成立时间、行业专业化程度、每年的劳动时间、动力设备系统、所需燃料、劳动力结构、产品的成本指标。

手册出版物《欧俄工厂名单》（圣彼得堡，1903年）是在整理第一次工业普查材料过程中编辑而成的。出版物使用了1902年财政部工业司的专业调查数据。③《财政通报》的编辑们协助处理的这些问卷数据在《1900年

---

① Орлов П. А. Указатель фабрик и заводов Европейской России с Царством Польским и вел. кн. Финляндским. СПб. , 1881；Орлов П. А. Указатель фабрик и заводов Европейской России и Царства Польского. СПб. , 1887；Орлов П. А. , Будагов С. Г. Указатель фабрик и заводов Европейской России. Изд. 3 – е. СПб. , 1894.

② Первоначально Департамент торговли и мануфактур планировал выпуск поименного перечня, сводных итогов по губерниям и всей России по отдельным производствам и показателям, включая разработку данных о положении рабочих（см. Отчет по ведению работ и расходованию денег при разработке статистических ведомостей за 1894 – 1895 гг. – РГИА, ф. 20, оп. 12, д. 354, л. 3 – 7）. Информация анкеты, связанная с обследованием положения рабочих, частично получила отражение в издании " Продолжительность рабочего дня и заработная плата рабочих в 20 наиболее " промышленных губерниях Европейской России"（СПб. , 1896）. Сведения собранного статистического материала использовались в публикации " Статистические таблицы по обрабатывающей фабрично-заводской, добывающей горной и горно-заводской промышленности России. 1892 – 1900 гг. "СПб. , 1901. В архиве сохранились подлинники заполненных анкет. См. , например：РГИА, ф. 20, оп. 12, дд. 92, 104, 248, 390, 391 и др.

③ РГИА, ф. 22, оп. 2, д. 2927, л. 1 – 6 об.

清单》中有所反映，主要表现在登记企业数量的增加，以及产值和企业工人数量的变动上。回复都用相应的字体标注，1902 年数据用的是斜体。《1900 年清单》中的数据与普查资料相比企业数量明显增加，甚至将食品加工企业也统计进去：包括需要缴纳消费税的生产企业。《1900 年清单》还从当时的消费税统计资料中吸纳一部分数据。

《1900 年清单》就是 12 个工业部门中的工厂名单。在行业内按省份对资料进行分组，没有特别指出企业属于哪个生产部门。《1900 年清单》中只涵盖每个工业企业的如下信息：企业主的姓氏，其所属的阶层或者其他的社会属性（例如国籍）；企业名称；成立时间；所在地（要具体到城市、县、村等）；企业离最近的火车站（或者是码头）的距离；通信地址；产品的类型，每类产品的数量和产值，在此基础上可以将企业划归到相应的生产部门；年产值、年产量、订单收入、在工厂和在外面打工的工人数量。如果企业属于股份制公司或是其他类型公司，那么它的数据要列入公司栏。《1990年清单》最主要的缺点是缺少企业动力设备方面的数据。

根据 1908 年工业普查结果还编成了名为《1908 年清单》（圣彼得堡，1912 年）的参考资料。该出版物与《1900 年清单》最为相似。普查登记的俄国所有工业企业名单包含如下信息：企业名称要注明经营性质（私营、股份公司、商行、公司、国营部门）；企业主的阶层和社会属性；详细厂址、通信地址、电话；产品的类型、年产值、发动机型号和总功率、工人数量。从数据清单中可以看出，与《1900 年清单》相比，1908 年的出版物在某些方面增加了一些指标（发动机型号和功率），而在一些方面内容有所缩减（企业成立时间以及与交通道路的联系）。《1908 年清单》的最大优点是统计了整个俄国的企业，而且考虑了它们所属的行业，包括缴纳消费税的生产部门，巴库工业区的石油企业。此外，还有采矿、冶金和金属加工厂，国家酒类仓库。

在国家机关出版工业企业信息手册出版物的同时，20 世纪初还出现了有代表性的资产阶级团体组织编写的手册。其中有名的是《帝俄工厂企业》，它有两个版次：第一版是圣彼得堡，1909 年；第二版是圣彼得堡，

1914 年。其后还成立了工商业代表大会委员会，这也是企业问卷调查的结果。这些出版物的重要特点是包含采矿工业企业的数据。此外，1914 年手册是此种类型的唯一出版物，它记录了 1914 年每个企业的信息，代表了一战前工业高涨的最后阶段。戈里科（Т. И. Грико）和洛巴诺娃（Е. В. Лобанова）对手册创作的历史进行了研究，并做出了评价。[1]

在第一次问卷调查过程中，按各类统计出版物中的公司地址分发了 4 万张调查表。其中 70% 的企业做出了回复，在 1909 年的出版物中分析了 18855 个企业和公司的数据。第二次问卷调查还是采用同样的方式进行，按照第一份手册统计的公司地址寄发了他们以前填写过的表格，希望他们进行核对和修改。对比 1909 年和 1914 年的数据可以发现，一些企业直接将表格寄回来，没有任何修改和校正。在第二本出版物中已经有 25658 个企业提交了数据。两本手册涵盖了俄国所有地区。

《帝俄工厂企业》手册中包含各工业部门的系统性材料，在工业部门内按照省份划分章节。它的部门结构划分与上述"表格"明显不同，采用的还是对各类生产企业进行分组，这有助于获得有关工业发展趋势的更详细的信息。

上述两个手册依然是以参与问卷调查的企业名单的形式编写的。有关工业企业的数据资料列入了它们所属的股份公司一栏。在出版物中还可以发现对工业企业和股份制公司等调查统计对象进行重组的现象。这一现象反映在收集到的有关各个企业的指标当中。他们统计了有关公司和企业名称，所有者，成立时间，本金、债券和备用资金，企业和理事会的通信及电报地址等资料；查明了厂长姓氏、理事会构成、在其他城市的代表、现有的仓库等信息。生产部门的特点还包括企业的专业化、年产量、工人数量、发动机型号

① Грико Т. И. Статистические справочники Совета съездов представителей промышленности и торговли о фабрично-заводских предприятиях Российской империи // Проблемы истории СССР. Вып. Х. , М. , 1979；Лобанова Е. В. Общероссийские статистические публикации о промышленности начала ХХ века. Автореф. дисс. на соиск. уч. степ. канд. истор. наук. М. , 1990.

和功率等数据。有些时候这方面的数据被列入有关所有股份制企业的资料中。在第二版的《帝俄工厂企业》手册中还包括有关消耗燃油数量的数据。

对信息手册出版物进行总结性评价，主要是看各类企业的统计比例，以及在国家机关和有代表性的资产阶级团体的出版物中，填写调查表的企业数量。

从表1-2可以看出，工商业部的出版物比工业企业的出版物统计得更为全面。根据填写调查表的数量是很难判断企业数量的。在《1900年清单》和《1908年清单》中实际上是不存在除了名称和厂址，企业的其他任何资料都没有的情况。但也有一些企业缺少个别指标。例如，在《1900年清单》中，15148个企业中标明成立时间的有14827个（占97.8%）。同时，在1914年的《工厂企业》出版物中，24250个加工工业企业中标明成立时间的有16480个企业（占75%）。①

表1-2　信息手册出版物对工业企业进行的统计

出版物＼统计年份	1900	1908	1914
《1900年清单》和《1908年清单》	15148	20106	
瓦尔扎尔计算的整个工业的数据	24460	39866	
工商业部办公厅的数据*	41940		60000
工厂和检查员报告汇编	18133		14046
《工厂企业》			
①加工工业		17965	24250
②整个工业	18855		25658

* ЦГИА ф. 23. оп. 27. Д. 76. л. 31。

从有关工业企业的信息手册出版物的研究综述中可以看出，出版物中的内容与国家机构和有代表性的资产阶级团体的材料非常一致，这就意味着可以使用手册材料对工厂企业发展动态进行多角度研究。上述材料在区域—部门划分方面的相似性，在工业企业基本生产指标认定标准上的一致性，有助

---

① 数字可能有错误。——译者注

于将所有史料作为统一的工业信息系统来阐述。这种一致性并非表面上的相似性，而是主要材料来源上的一致性。尤其是在 1900 年和 1908 年普查汇编出版物中，这一特点表现得非常明显；随后出版的《1900 年清单》和《1908 年清单》也具有这一特点。

有关普查汇编出版物中统计单位的划分问题存在两种观点，一种观点认为应以区域为单位来划分：全俄，欧洲部分，地区，省；另一种观点认为应以生产部门来划分：企业所在行业，生产部门。同时，还有很多资料的划分介于两派观点之间："国家—行业""地区—生产部门""省—生产部门"。最后一组划分方法非常重要，在普查汇编资料中使用此种方法的多是原始资料。正因如此，在后续的资料统计、资料处理、选择信息处理方法、保存信息等环节，才能以上述材料为基础进行研究。

分析每个省份各生产单位的数据，有助于对企业的其他调查材料和手册进行校正。因为每一组生产单位，它们的重新分类都只是进行局部调整。这种划分方法非常细致，有助于检查普查标准的执行情况，以及原始数据的准确性和可靠性。划分生产单位有助于更全面地研究普查出版物中的材料，因为生产单位是最基本的普查对象。

使用"省—生产部门"这一划分方法有助于区分普查出版物的汇编数据。这种方法与上述清单一起使用有助于分析个别企业的数据，以及某些有特点的汇编材料。实际上，所有省份都存在以 1~3 个企业为代表的生产部门，这种现象甚至在企业数量较多、行业结构复杂的省份也存在。

上述材料的特点是，基本要素具有一定的内部完整性，即多数材料的出处是一致的，采用统一的数据处理方法、相同的统计调查机构，统一进行统计数据加工等。在 19 世纪末 20 世纪初的俄国工业中，这些资料表现出一致性和相关性。我们应该使用相应的研究方法，整理工业普查资料和企业信息手册出版物等信息资源。而且，研究每一部分材料都要考虑其专业性。同时，在研究这些颇具特色的系统性资料的过程中，还需要形成自己的研究途径和方法。

第二章

19世纪末20世纪初俄国
工业发展的基本进程

在经济史和历史文献中，很多研究者在研究工业整体发展以及评价工业增长水平的过程中，使用的都是某一领域的材料，使用的工业生产进程的指标也不同，有时对工业生产进程的解释也不一致。我们发现一些观点分属于不同历史编纂阶段，反映了苏联研究者研究这一问题的历史。

梁士琴科（П. И. Лященко）在其著作《苏联国民经济史》中，对1909～1913年工业高涨，以及1900年以来的俄国工业发展总进程进行了研究，甚至还关注煤炭和石油的绝对开采量变化，以及生铁、熟铁、钢、铜和糖的产量变化情况。梁士琴科选取的是自己感兴趣的有关不同领域生产结果的数据：纺纱数量、亚麻纺织工业和织布工业中的原料数量，以及棉纺工业中纱线的数量、机器制造业中农业机器价格的增长等。他使用这些数据在经济形势（价格增长、世界货币危机、俄国粮食丰收等）不断变化的背景下研究工业发展周期。梁士琴科在结论中指出，生铁、熟铁和钢产量平稳增长，煤炭开采量和铜产量增长很快，石油开采量很稳定，工业需求的增长有波动，糖产量有所增加。[①] 他认为，截至1909年，工业基本恢复到了（某些方面

---

① Лященко П. И. История народного хозяйства СССР. Т. Н. Капитализм. Изд. 3. М.，1952. С. 394 – 417.

已经超过了）危机前的生产水平。接下来的几年（第一次世界大战开始之前）所有生产部门（石油行业除外）的生产水平都有明显增长。[①]可以说，人们夸大了 20 世纪经济危机和萧条对工业发展指标的影响，只有一小部分特征能够反映工业发展进程。

　　20 世纪 40 年代末至 60 年代上半期，研究者们在对垄断资本主义问题进行研究的同时，对俄国工业发展史也非常感兴趣。一些研究结果在多卷本的《苏联史》中有所反映。[②]虽以《俄国和苏联工业进程》的数据为基础，但这本书的作者们对 20 世纪初期工业发展特点持不同看法。因为虽然存在危机和萧条现象，但 1900～1908 年工业仍在持续发展，而且具有自相矛盾的特点。1909～1913 年工业高涨的特征如下：工业产量年平均增长 8.8%（其中生产资料生产增长 13%，生活资料生产增长 6.2%），重工业产品的比重超过了 1900 年的水平。集体出版物的作者们认为，部分行业和生产部门的发展进程并不总是与整体趋势相符。例如，当整个机器制造业的工业产品增长 50% 时，农业增长了 55%，运输业不增反降。水泥和制砖工业蓬勃发展，玻璃制造业增长相对较慢，满足城市居民日常需求的行业（制鞋、烟草和制糖）也有所发展，棉花加工业发展相对较慢。[③]《苏联史》的作者在研究 19 世纪 20 世纪之交工业发展条件和要素、大工业生产的形成阶段，以及行业结构等问题时，特别重视国家对工业自上而下的扶植政策、行业结构特点（以纺织工业和食品工业为主）、俄国资本主义大生产发展的顺序与西欧国家存在的差异，以及手工业保护政策等问题。[④]统计指标以三年（1900 年、1908 年和 1913 年）的整个工业数据为主，此外还有一些行业（棉花、建材、煤炭、石油）和生产部门（炼铁、炼钢、制糖、水泥加工、制砖、制玻璃、运输、机器制造）的数据，指标的选取没有附带任何说明。

① Там же. С. 401.
② История СССР с древнейших времен до наших дней. Первая серия. Т. VI. М., 1968. Авторы глав – П. В. Волобуев, И. Ф. Гиндин, К. Н. Тарновский.
③ История СССР. Т. VI. С. 258, 259 – 263.
④ Там же. С. 19, 268, 18, 267.

在多卷本的《苏联工人阶级史》中，有关 20 世纪初俄国工业的章节，在内容和评价上与上述作品非常相似。① 作品对一些情况阐述得非常准确，对相关指标和行业变化等问题进行了详细的论述。作品指出了 1900～1908 年工业发展的不均衡性，丝织品生产、金属和矿物质生产等领域与食品、化学和棉花加工业相比增长非常缓慢。产品产量的增加在很大程度上是技术不断进步的结果，包括动力设备结构的变化。作者通过对 1900～1908 年的工业发展与工业高涨时期进行对比，证明了多卷本《苏联史》的结论。②

博维金根据《俄国和苏联工业进程》未出版部分的校对材料，对 1896～1910 年俄国工业生产进程进行了详细分析。《俄国和苏联工业进程》中包含各领域企业和工人数量的数据，以及产品的实际产量和价格形态方面的数据。《俄国和苏联工业进程》的作者对如下领域和生产部门的发展进行了详细研究：煤炭工业（采煤、焦炭生产），石油工业（采油、石油加工），金属工业（黑色冶金工业、铁矿石开采、有色冶金业、金属加工业），采矿业（金矿开采），含硅制品工业（建材生产、陶瓷制品生产），木材加工业（锯木—制板业、木材加工、造纸业），化学工业（基础化学、油漆染料、化妆品—脂肪加工业、火柴工业、橡胶工业），纺织工业（棉花加工、毛纺工业、亚麻纺织、丝绸纺织），合成材料加工和畜产品生产行业，食品工业（磨面、制糖、酿酒以及私人储酒仓库、国家储酒仓库、烟草工业、榨油、啤酒酿造）。在分析某些生产部门发展水平过程中我们不难发现，从一方面来看，被归为一组的企业都是同一类型的（如橡胶工业、烟草工业、制瓷工业）；但从另一方面来看，有些生产部门很大，属于完整的生产体系：金属加工业、亚麻工业、畜产品加工业。博维金在总结相关行业的区域发展特点后指出："与某些行业发生危机存在先后顺序一样，工业向各个工业区域的扩展也存在时间差。"③ 博维金对全面研究有关 1904～1910 年行业发展

① Рабочий класс России. 1907 – февраль 1917 г. М., 1982. Автор главы – Н. А. Иванова.
② Там же. С. 18 – 23.
③ Бовыкин В. И. Динамика промышленного производства в России（1896 – 1910 гг.）// История СССР, 1983, N 3, С.41.

动态的数据非常感兴趣，他认为工业生产的活跃与衰退是交替进行的，实际上生产和价格的波动是同时发生的，而且在不同行业和地区发生工业危机和工业高涨现象的时间也是不同的。据博维金统计，在 1908 年总产值的增量当中，"B"类生产部门占 3/4（生活资料生产），尤其是棉花加工业、磨面和酿酒业，而"A"类生产部门（生产资料生产）如果按照产值指标来看明显较少（石油和煤炭的实际开采量有所减少）。博维金的主要结论是：1904～1908 年这 5 年并不是一个独立的经济周期，"这 5 年是寻找摆脱危机的出路的特殊阶段，本质上是 1899～1903 年危机的一种延续"，工业生产增长具有"痉挛性特点"，"只是到了 1909 年才出现了转折"。[①]

舍佩列夫的作品《1904～1914 年的沙皇制度与资产阶级》也涉及俄国工业进程问题。他首先指出，20 世纪初"工业发展是建立在过去取得的高水平基础上的"，1900～1903 年危机"并不意味着俄国工业发展停滞了，其实只是发展增速降低了"，"随着生活资料生产不断增加，生产资料生产降低了"，"工业产值几乎与农业产值持平"。舍佩列夫认为，1904～1909 年是"俄国工业发展的萧条期"，因为它"没有保持住工业发展一贯的平稳趋势"。[②] 舍佩列夫还认为第一次世界大战前夕经济高涨具有如下特点：工业发展是经济的主要方面，工业产值年均增长 10.4%；生产发展得益于工业劳动的集中化和集约化；与 19 世纪 90 年代工业高涨相比，1904～1913 年产品的绝对增长量增加了一倍多，1913 年末不能被视为工业高涨周期的结束。[③]

上述作品无疑对分析俄国工业发展整体进程做出了一定贡献，尤其是对工业生产周期特点的研究。但与此同时，我们也必须对有关俄国工业化基本趋势的一些观点进行修正，尤其是与行业结构变化相关的观点。

---

① Там же. С. 50 – 52.

② Шепелев Л. Е. Царизм и буржуазия в 1904 – 1914 гг. Проблемы торгово-промышленной политики. Л. , 1987. С. 14 – 15, 19.

③ Там же. С. 20 – 24.

工业发展的特点要求我们首先要研究下列指标的整体变化情况，即企业数量、产值、工人数量、动力装备程度等。研究这些问题以1895年调查材料，1900年、1908年、1910～1912年和1918年工业普查材料为主，还有一些信息手册出版物。正是这些史料包含有关俄国各地区工业发展进程，或者说是工业相对发达地区的工业发展进程的相关信息。因为上述工业普查都有自己的调查任务，即调查俄国大型工厂工业，需要补充的是没有注册的工厂和手工业的信息，以及有关俄国工业劳动普及程度和俄国工业基础设施的统计资料。而且要对工业生产宏观（全国工业，欧俄部分，所有行业或者是一些行业）和微观方面（某个省的工业，某个行业，生产单位或者是企业）的数据进行加工整理。这样有助于展现更为详细和全面的工业发展图景。特征的选定，如同选择研究对象一样，在一定程度上根据文献资料分析过程中的信息内容，以及数据信息系统化的方法进行口述并做笔录。为了判断工业生产的基本动态我们需要：①计算某一固定日期生产的绝对数量；②借助各阶段产品增量的相对指标进行评价，这对判断发展速度和势头有一定帮助；③对不同指标的特征曲线进行对比。对于某些工业生产类型（行业、生产单位和一些企业）来说，计算指标的平均值是非常有意义的。平均值一方面可以揭示发展的整体趋势，另一方面可以反映其发展程度。

首先，我们需要确定俄国工业的基本参数，详见表2－1。这些指标经常在文献中出现，而且绝大多数研究者在关注1908年企业数量低于1900年（从25314家减少到22963家），而其他两项指标均有所增长的这一情况。当然，即使重新进行统计，原则上也不能排除企业总数量减少的可能性。这些数据资料的来源正是1900年和1908年工业普查资料。需要强调的是，1900年工业普查资料调查的都是欧俄地区不需要缴纳消费税的生产企业，登记的企业有12702家，工人有1343279人，产值为200.39万卢布。1908年俄国加工工业普查数据显示，登记的企业有20010家，工人有2254503人，产值为465.27万卢布。企业数量的增加自然说明调查对象的范围在扩大。然而，编者在对比1900年和1908年普查数据汇总表之后，认为所有指标都在增长：企业数量增加 4.9%，工人数量增加 16%，产值增加 49.9%。① 很明显，《俄国和苏联工业进程》中有关 1900 年企业数量的数据，其准确性是值得怀疑的，因为企业数量增长过快。最具可能性的是，资料中的误差是因为缴纳消费税的企业数量被人为夸大，这一问题瓦尔扎尔在 1900 年普查出版物的前言中就说过。他认为缴纳消费税的企业有 6971 家，工人有 242835人，年产值为 41.11 万卢布。② 然而，根据《1900 年清单》中的数据，包括第一章提到过的缴纳消费税的企业数据，欧俄地区的食品工业企业总数不超过 5152 家，共有工人 286047 人（根据普查数据，在不缴纳消费税的生产部门共有企业 2501 家，工人 71042 人，产值 36885.6 万卢布）。③ 如果加上1908 年统计指标的增长量数据，就可以得出 1900 年统计的具备缴纳消费税以及其他特征的所有企业的总数：4194 家企业，257487 名工人，44039.01 万卢布的年产值。可以看出，与企业数量不太一致的这些指标，有助于对 1900 年统计的企业总数（22537 家）做进一步的修正。表 2 - 1还反映出俄国工业体系的一些重要方面，即工业基本的区域分布，以及没注册的工业企业所属的广义上的工业部门。在上述资料中并未提及小手工业或者是手工业，而小生产部门的过渡形式，在工业统计（缴纳消费税的工业和采矿工业）中，在工厂检察机关的资料中，在一些信息手册出版物中，都被某种程度地记录了下来。表 2 - 1 的数据表明，由于产值和工人数量指标的提高，一些小生产部门已经不再被纳入统计范畴。同时需要强调的是，正是注册的工业，准确地说是工厂工业，它的发展决定了俄国工业的基本潜力，保证了俄国工业生产绝对指标世界第五和欧洲第四的位置。

研究新企业产生的过程，不仅有助于揭示工业发展的总动态，同时还可

---

① Статистические сведения по обрабатывающей фабрично-заводской промышленности Российской империи за 1908 г. СПб., 1912. С. X.

② Статистические сведения о фабриках и заводах по производствам, не обложенным акцизом, за 1900 год. СПб., 1903. С. 6.

③ Угаров И. Ф. Численность и отраслевой состав пролетариата России в 1900 и 1908 гг. // Вопросы источниковедения истории первой русской революции. М., 1977. С. 206.

以反映出工业生产的扩大，以及生产实际规模的变化等情况。研究这一现象有不同的方法，其中一种方法就是，以信息手册出版物中记录的有关企业成立日期的统计数据为基础进行研究。《工厂一览表》《1900年清单》《工厂企业》信息手册出版物都会注明企业的成立日期。对这些数据进行分析有助于发现企业产生、发展和衰落的总趋势，因为实际上并不是所有企业都出现在某个企业周期内，只是那些在资本主义竞争条件下生存下来的企业才更符合企业周期规律。

表 2-1　19 世纪末 20 世纪初俄国工业生产总体指标

年份	区域,对象	企业数量	产值(百万卢布)	工人数量(千人)
1897	全俄,包括没注册的工业	39029	2839.1	2098
1900	全俄,包括没注册的工业	38141	3296.0	2374
	全俄注册的工业	22537*	3173.5	2177
	欧俄注册的工业	20672	3099.5	2158
1908	全俄,包括没注册的工业	39866	4908.7	2680
	全俄注册的工业	22963	4839.9	2414
	欧俄注册的工业	20855	4626.6	2327
1913	1912 年全俄注册的工业	29415	7357.8	3115
	1912 年欧俄注册的工业	27159	5464.9	2374
1916	31 个省注册的工业	7464	4365.7	1649
	欧俄注册的工业	7585	3032.6	1743

*《俄国和苏联工业进程》中该项指标是 25314 家企业。

资料来源：根据《俄国和苏联工业进程》数据，以及 1900 年、1908 年和 1918 年工业普查出版物编制。

周期的时间间隔是在数据系统化过程中划分的，起到的是分隔符号的作用。首先，为了更细致地统计所有可能的时间段，将整个 19 世纪和 20 世纪初以 10 年为周期进行划分。为了统计某些领域（主要是冶金领域），从 18 世纪开始划分，因为当时出现了很多这类企业。接下来可能扩大的时间间隔是：改革前，即 1861 年之前；改革后第一个 10 年（19 世纪 60~70 年代）等。当然，还有更细致的划分方法（例如，19 世纪 90 年代下半期，1901~

1904 年，1905~1907 年）。根据这一方法，纳乌莫娃（Наумова）对《1900 年清单》中的加工工业企业数据进行了处理。[①] 她处理了 14827 家通报过成立日期的企业数据。通报成立日期的企业占《1900 年清单》中登记的企业总数（15148）的 98%。在处理 1914 年《工厂普查》参考资料过程中，她也做过类似的工作，当时计算的只是欧俄地区的加工工业企业。遗憾的是，即使在《工厂普查》资料中有统计信息的一些企业，也没有通报自己的成立日期，因此只能处理 16484 家企业的信息，占这一地区登记的企业总数的 75%。表 2-2 中包含了 1914 年数据的处理结果（附件Ⅷ$_{1-6}$是关于一些生产企业成立时间概况的）。

援引的数据表明，20 世纪初在棉花加工（Ⅰ）、亚麻加工（Ⅳ）和矿物质加工（Ⅸ）领域，很多企业在革命前就已经出现（29%）。在羊毛加工（Ⅱ）、金属加工（Ⅷ）和食品加工（Ⅺ）领域也存在类似情况。在冶金行业（Ⅷ$_1$）原来的企业所占比例更大：该行业很多企业在 1861 年改革之前出现，还有 74.6% 的企业在 18 世纪就已经出现。除了冶金行业，在其他所有行业革命前出现的企业比例也要高于 19 世纪 90 年代工业高涨时期。在大部分行业，改革前出现的企业一般可占 20 世纪初企业总数的 25%~35%。同时，从表 2-2 可以看出，改革后新企业逐渐增多，19 世纪 90 年代增长最为迅速，到 20 世纪初新企业的数量开始减少（但并不明显）。当然，在某些领域中也存在与总趋势不相符的特殊情况。首先，在冶金工业中新企业数量的增长动态就与总趋势明显不同。19 世纪 90 年代在该行业中新企业占17.8%，而 20 世纪初出现的新企业占 1914 年企业总数的 6.2%。当然，这种状况无论如何都与其他行业，尤其是与金属加工和机器制造行业的整体增长趋势不相符。在这两个生产部门，19 世纪 90 年代和 20 世纪初新出现的企业数量分别占总数量的 28.5% 和 23.9%。行业间的脱节说明，20 世纪初俄国工业发展存在很多困难，尤其是第一次世界大战期间的工业活动。

---

① Наумова Г. Р. Хлопчатобумажная промышленность России в начале XX в.（амортизатор отрасли）// Монополистический капитализм в России. М., 1989. С. 4.

表 2 - 2　在加工工业领域新企业成立情况

项目＼领域	I	II	III	IV	V	VI	VII
1861 年之前	112	103	26	55	42	118	54
%	20.0	14.0	8.5	20.0	7.3	8.0	3.5
19 世纪 60 年代	47	69	31	32	35	88	60
19 世纪 70 年代	63	91	28	44	77	192	121
19 世纪 80 年代	96	126	48	46	117	263	209
共计	318	389	133	177	271	661	444
19 世纪 90 年代	119	175	83	57	147	423	491
%	21.5	24.0	27.0	20.8	25.8	28.3	31.4
20 世纪之前共计	437	564	216	234	418	1084	935
1901～1910 年	103	161	86	40	146	362	604
1911～1914 年	13	3	2	0	6	25	25
共计	116	164	88	40	152	387	629
%	21.0	22.5	29.0	14.6	26.6	26.3	40.2
总计	553	728	304	274	570	1471	1564

项目＼领域	VIII$_{1-6}^*$	VIII$_1$	VIII$_6$	IX	X	XI	XII	XIII
1861 年之前	269	71**	0	147	202	806	62	0
%	12.9	55.0	0	9.5	20.0	14.6	9.0	0
19 世纪 60 年代	120	5	0	72	86	624	52	0
19 世纪 70 年代	242	8	5	177	146	653	76	0
19 世纪 80 年代	349	14	6	193	163	945	121	5
共计	980	98	11	589	597	3028	311	5
19 世纪 90 年代	563	23	20	555	238	1323	189	28
%	27.0	17.8	30.7	36.0	23.5	24.0	27.8	33.7
20 世纪之前共计	1543	121	42	1144	835	4351	500	33
1901～1910 年	441	4	16	333	166	1103	147	41
1911～1914 年	94	4	7	63	12	61	33	9
共计	535	8	23	396	178	1164	180	50
%	25.7	6.2	35.4	25.7	17.6	21.1	26.4	60.2
总计	2078	129	65	1540	1013	5515	680	83

注：百分比是与总数相比。

* VIII$_{1-6}$ 是表 2 的附录；VIII$_1$ 是冶金业；VIII$_6$ 是电机工程；VIII 是电站。

** 其中 53 家企业是在 18 世纪成立的。

造纸和印刷业（Ⅵ）、木材加工（Ⅶ）、矿物质加工（Ⅸ）、畜产品加工（Ⅹ）、化学生产（Ⅻ）等行业在19世纪末20世纪初是高涨时期，形成了基本的工业基础。在此期间，上述行业出现了50%~70%的企业。这在很大程度上是因为这些行业正在逐渐奠定工业基础。当然，也受其他因素的影响。例如，工业和城市建设的扩大，需要满足建材（Ⅶ，Ⅸ）需求。在信息领域社会需求的增长，包括印刷品需求的增长，会促进造纸行业的发展，同时会出现很多印刷厂（Ⅵ）。新型发动机的推广，人造肥料的使用，汽车和航空制造业对橡胶制品的依赖，都会带动化学工业（Ⅻ）的发展。畜产品需求量的增长，促进了畜产品加工业（Ⅹ）中大部分生产部门的发展。在19世纪90年代和20世纪初，在混合生产行业和食品工业中出现了很多企业，而且往往具有企业"更替"性质，这种现象在每一个企业更替周期内都广泛存在：一批企业倒闭了，另一批企业出现了。提到19世纪90年代，我们会发现，新企业成立的高峰期出现在90年代后半期。我们可以举两个领域的例子证明这一点，即金属加工业和食品工业，这两个领域企业数量多，遍布俄国各地。在19世纪90年代出现的563家新的冶金和金属加工企业中，1891~1893年只出现了118家（21%），而1323家食品加工企业中只有291家（22%）。

接下来我们来分析一下20世纪初企业的发展动态。附录中表Ⅲ.2中的20世纪初的指标更为准确，因为它提供了很多企业的信息。虽然当时俄国经济存在危机，但1901~1904年企业数量的增长并未完全停滞。尤其是那些在19世纪90年代发展非常迅猛的领域，几乎未受影响（详见表2-2a）。在革命期间新企业的数量并没有急剧减少。实际上在19世纪90年代后半期工业就在逐渐衰退，企业创办人在逐渐减少。政治事件影响了新企业的建立，包括造纸和印刷工业。与19世纪90年代相比，这十年木材加工行业的新企业比例有所提高。1911~1914年的数据（出现346家新企业）明显不具有代表性，只是根据《工厂普查》出版物中的信息统计出来的。而且，还毫无根据地认为新企业出现的较少是战前工业高涨的特点，认为当时生产的增长主要是靠设备改进和劳动集约化。虽然这是已经具备工业基础的一些工业部门发展的特点，但也不能排除这是资本主义企业的普遍趋势：企业总数量的年度变化取决于关闭和成立的企业数量。这一点在 1910～1912 年的普查资料中可以看出，因为资料记录了各个领域每年普查的企业数量。表 2－3 反映的是在工业高涨已经开始，工人数量和产值明显增加的情况下企业数量的增长过程。

表 2－2a　1901～1910 年欧俄加工工业新建企业状况

时间＼领域	I	II	III	IV	V	VI	VII
1901～1904 年	42	88	28	13	65	126	218
1905～1907 年	35	42	31	12	47	149	218
1908～1910 年	26	31	27	15	34	87	168
总计	103	161	86	40	146	362	604

时间＼领域	VIII_{1-6}	VIII_1	IX	X	XI	XII	XIII
1901～1904 年	167	3	136	62	544	57	41
1905～1907 年	134	1	91	62	379	50	34
1908～1910 年	140	0	106	42	180	40	43
总计	441	4	333	166	1103	147	118

如果考虑到舍佩列夫关于 1914 年上半年工业高涨仍在继续的观点，以及在经济高涨环境下企业创立活动逐渐活跃，到 19 世纪 90 年代下半期达到了顶峰这一事实，那么就可以得出如下结论。《工厂普查》（24250）手册和 1908 年普查材料（20010）记录的企业数量之间的差值，更接近于俄国工业中企业数量的实际增长情况。对化学工业、棉花和矿物质加工业的《工厂普查》数据进行抽查表明，没有标注成立日期的企业，绝大多数在《1900 年清单》和《1908 年清单》中也没有记录。例如，在《工厂普查》手册中记录了 930 家化学生产企业，注明成立日期的只有 680 家。在《1900 年清单》中注明成立日期的只有 16 家企业，在《1908 年清单》中还有 30 家企业没有注明成立日期。还有近 200 家企业只在 1914 年出版物中有登记，可能是在 1909～1913 年成立的。

表 2 - 3　1910～1912 年欧俄地区工业基本指标变化情况*

指　标 ＼ 年份	1910	1911	1912
企业数量	11146	12122	13200
工人数量	1543826	1704779	1811713
产值(千卢布)	3415095	3719362	4070542

* 表中不包括消费型生产部门的数据，但包括采矿和矿物加工企业的数据。

　　其他研究者对各类信息手册出版物的数据进行比较分析的结果表明，各类企业的倒闭和新建都是较为频繁的。例如，博维金根据《1900 年清单》中的数据对棉花加工和金属加工企业进行逐一对比发现，这一时期棉花加工企业倒闭了 208 家，新成立 224 家；金属加工企业倒闭了 677 家，新成立 759 家。无论是倒闭的还是新成立的企业，都属于年产值在 2000～10 万卢布的中小型企业。[①] 很多金属加工企业成立于 20 世纪第一个十年，主要生产农业机械。观察者纳乌莫娃对棉花加工工业做了补充性的推断。未能克服 20 世纪初危机的绝大部分企业（80%）是私企，很多企业主原来是农民（占 43%）[②]，以及小市民和商人（占 23%）。1908 年新成立的公司中私人公司占 80%，而企业主的社会面貌发生了如下变化：小市民占 44%，农民占 34%，商人占 19%。[③] 新企业的建立有自己的特点，且仅适用于某些地区。例如，据格里科统计，革命前绝大多数的冶金工厂位于彼尔姆省和乌法省，而 19 世纪 90 年代出现的冶金工厂多位于俄国南部地区。在新成立的 500 家金属加工工厂中，16 家位于彼得堡省，12 家位于莫斯科省和叶卡捷琳诺斯拉夫省，11 家位于华沙省，10 家位于利夫良季亚省，15 家位于巴库省。

　　在新企业产生过程中，之前成立的工厂在企业总数中所占比例逐渐降低。我们在研究原有企业在整个生产体系中的作用问题（包括产值和工人

① Бовыкин В. И. Концентрация промышленного производства в России в конце XIX – начале XX в. // Исторические записки. Т. 110. М., 1984. С. 191 – 192.

② 72% 的企业都注明了企业主的阶层属性。

③ Наумова Г. Р. Указ. соч. С. 5 – 6.

数量等指标）时，尽量采用区别对待的方法，需要考虑各领域的动态以及某类企业在行业中的地位等问题。通过对比不同学者在研究这一问题时所得出的结论，可以发现这一论断是正确的。乌加罗夫（И. Ф. Угаров）按成立时间对企业进行了分类，其特点是没有将工人少于 15 人的企业统计进来。这就导致数据中的企业数量明显减少 ［纳乌莫夫（Г. Р. Наумов）的统计结果是 14827 家企业，而乌加罗夫的统计结果是 10286 家企业］，而且各类企业所占比例也发生了变化，因为在相应的手册中记录的多是小企业，它们一般是在出版物编辑过程中被加进去的。当然，这只是个例外，因为在各类企业中工人平均数量指标也是不同的。乌加罗夫的统计结果是这样的：在 1861 年之前出现的企业占企业总数的 14.4%，企业平均拥有 330 名工人；60 年代成立的企业相应指标分别为 11.3% 和 176 名工人，70 年代分别为 15.3% 和 167 名工人，80 年代分别为 21.1% 和 123 名工人，90 年代分别为 38% 和 88 名工人。[①]

穆拉舍夫（А. А. Мурашев）对金属加工工业进行了详细的分析，也为我们展现了有关原有企业和改革后新建企业之间的实际比例和规模的更为客观的图景（详见表 2 - 4）。穆拉舍夫认为，19 世纪 70 年代成立的企业在行业中扮演着越来越重要的角色，"新企业是在资本主义竞争中胜出的企业生产不断增加的情况下产生的"，小型和中型生产部门得到了空前发展，而且"平均生产水平明显提高"。[②] 这些论断被洛巴诺娃关于老工业区的统计所证实，圣彼得堡地区就属于这类老工业区（详见表 2 - 5）。

通过分析可以看出，在俄国工业发展总体进程中企业数量在持续增长。1913 年与 1900 年相比，企业数量增加 13%，企业的产能增长更为明显，这一点反映在产值和工人数量的增长趋势上。表 2 - 6 的数据表明，在国家和平发展时期，产值的提高比工人数量的增长还要明显，只是战时的极端条件破坏了这一局面。

---

① 　Угаров И. Ф. Указ. соч. С. 209.

② 　Мурашев А. А. Концентрация производства в металлообрабатывающей промышленности России в конце XIX века // Монополистический капитализм в России. С. 22 - 25.

表 2-4 金属加工企业成立时间以及 1900 年它们的生产指标

企业成立时间	在企业数量中所占比例(%)	平均每个企业	
		产值(千卢布)	工人数量(人)
1861 年之前	8.4	802.2	775
19 世纪 50 年代	7.6	1018.7	743
19 世纪 60 年代	8.0	829.7	548
19 世纪 70 年代	18.0	1174.0	604
19 世纪 80 年代	23.0	560.0	342
19 世纪 90 年代	35.0	715.6	449

表 2-5 彼得堡省新增各类工业企业情况
(根据 1914 年《工厂普查》手册中的数据)

企业成立时间	企业类型			
	小型(不超过50 个工人)	中型(51~500 个工人)	大型(501~2000 个工人)	超大型(超过2000 个工人)
	按工人数量划分的各类企业数量			
1861 年之前	345	111	17	13
19 世纪 60 年代	23	47	6	2
19 世纪 70 年代	56	46	13	0
19 世纪 80 年代	61	57	5	4
19 世纪 90 年代	89	86	6	0
1901~1908 年	94	73	0	0
1909~1914 年	34	27	7	0

企业成立时间	企业类型			
	小型(产值不超过 10 万卢布)	中型(产值在10.1 万~100 万卢布)	大型(产值在101 万~300 万卢布)	超大型(产值超过300 万卢布)
	按产值划分的各类企业数量			
1861 年之前	356	91	19	20
19 世纪 60 年代	28	37	4	9
19 世纪 70 年代	58	44	7	6
19 世纪 80 年代	62	51	8	6
19 世纪 90 年代	111	61	5	4
1901~1908 年	93	69	4	1
1909~1914 年	25	34	8	1

表 2 - 6　生产指标增长情况

单位：%

年份	产值增长	工人数量增长
1908 年与 1900 年相比	52.5	10.9
1913 年与 1908 年相比	52.0	29.0

　　俄国工业生产绝对规模的扩大是在企业平均指标增长的大背景下出现的，这反映了生产规模扩大这一整体趋势，也反映出劳动生产效率的基本动态（详见表 2 - 7）。这一进程间接地反映出企业生产设备和动力设备的改进，以及劳动的集约化。

表 2 - 7　工业平均生产指标

年份	平均生产指标			
	企业的平均产值（千卢布）	企业的平均工人数量（人）	工人的平均产值（千卢布）	人均产值（卢布）
1897	72.8	53	1.3	22.6
1900	140.8	96	1.5	25.0
1908	210.7	105	2.0	30.0
1913	250.1	106	2.4	43.0

　　现有的 1918 年工业普查资料统计的只是欧俄地区 31 个省的数据，并没有对乌拉尔、乌克兰、南俄、波罗的海沿岸、巴库等工业发达地区进行统计。这些数据有助于更深入地探究 20 世纪初俄国企业动力设备结构的基本变化趋势（详见表 2 - 8），以及某类发动机数量的变化过程。尤其要重视的是电动机，它已被列入某些地区整个动力系统。1913 ~ 1918 年，电动机的增多说明工业企业整个动力设备系统发生了根本变化。[1]

---

[1]　О роли этого фактора в индустриализации в начале XX в. см.：Ольсевич Ю. Парадоксы или новые тенденции：о единстве и плюрализме индустриальных форм // Коммунист，1989，N 6.

表 2 − 8　发动机功率的提高情况

单位：%

发动机类型	1908 年与 1900 年相比提高	1918 年与 1908 年相比提高
所有发动机功率	138.7	201.4
包括:蒸汽机	130.1	157.4
内燃机	471.8	444.6
水轮机	114.8	131.1
交流电动机	135.0	1936.6

　　20 世纪初俄国大型工厂工业的活动指标需要补充有关手工业和手工业生产的数据，只有这样才能形成对工业劳动普及程度及其所取得成绩的更全面的认识。我们在第一章阐述这一社会经济现象时谈到过信息问题。列宁曾谈到统计 19 世纪末手工生产，包括统计"资本主义生产中使用的工人数量"的难度问题。列宁写道："在整个俄国这类工人应该能达到 200 万人。《手工业者》雇佣的工人也属于此类工人，这些雇佣的工人数量也不像我们想象的那么少，我们应该承认，200 万这个数字还是被低估的最低值。"[1] 1913 年，一些学者对小工业的基本参数下了定义。[2] 当时正在调查 20 世纪中期苏联的小工业和手工业问题。[3] 在普查过程中，研究者们将 1925～1926 年和 1929 年工业发展指标与第一次世界大战前，即 1913 年指标，进行了对

---

[1]　Ленин В. И. Поли. собр. соч. Т. 3. С. 450.

[2]　См., например: Опыт исчисления народного дохода 50 губерний Европейской России в 1900 – 1913 гг. Под ред. С. Н. Прокоповича. М., 1918; Гриневецкий В. И. Послевоенные перспективы русской промышленности. М., 1919; Рыбников А. А. Мелкая промышленность и ее роль в восстановлении русского народного хозяйства. М., 1922; Гухман Б. А. К исчислению продукции мелкой промышленности// Плановое хозяйство, 1924, N 6.

[3]　Мелкая и кустарно-ремесленная промышленность Союза ССР в 1925 г. Предварительные итоги. М., 1926 (Труды ЦСУ. Т. XXXIII. Вып. 1). То же. М., 1928. Вып. 2; Атлас промышленности СССР. М., 1929; Цензовая промышленность. Вып. 1. М., 1930 (Приложение к "Атласу промышленности СССР"); Докладная записка Председателю Совнаркома т. Молотову В. М. от начальника ЦУНХУ при Госплане СССР Саутина. 7 октября 1938 г. (РГАЭ, ф. 1562, он. 8, д. 826). Документ выявлен Л. А. Дмитриевич.

比。研究者们发现手工业生产的规模发生了变化，手工业生产仍在不断地发展。当时研究者们非常重视在手工业和没注册的工业中雇用工人的比例问题，从中获取的一些资料对于后来的统计和指标的挑选工作非常重要。《苏联工业地图册》的编者在专门的附录中指出："在参加各领域劳动的雇用工人的构成中，工业工人占41%左右。"[1] 编者在1925年普查资料出版物的序言中指出："在战争和革命期间小生产部门明显衰落，而且与农村相比，城市的一些行业衰落得更为明显"。[2] 序言还援引了有关苏联多个省份和地区小工业和手工业中工人数量的数据，认为1925年与1913年相比工人数量减少了1万，有些省份（莫斯科、沃洛格达、科斯特罗马、弗拉基米尔、下诺夫哥罗德、库尔斯克、西伯利亚等）减少的更多。这些数据对于确定指标上限非常重要。

此外，1938年，中央国民经济统计局以苏联人民委员会主席莫洛托夫（В. М. Моломов）的名义下发了一个文件，该文件对小工业的作用和它的数量指标做出了整体性评价。文件指出："1913年，小工业占沙皇俄国整个工业生产的1/3以上，而且在一些生产部门小工业是主要的生产形式（在食品行业占51.1%，缝纫行业占96%，皮革—制鞋行业占88.6%），甚至在金属加工工业中小工业生产仍然占20%左右。1929年小手工业中的从业人数仍然高于战前水平（1913年430万人，1929年450万人）。在1929年之前，小工业的增长以传统技术为基础，以恢复旧有行业为主。1929年小工业生产水平基本与战前持平，小工业的从业人数也几乎达到了1913年水平，行业结构也基本与战前相同。1929年之前小工业的发展是在以传统行业为主的地区，这些地区拥有原料、必要的设备和行业劳动技能。"[3]

我们尝试着对有关小工业和手工业中从业人数的各类文献资料和数据以及有关产值的数据进行系统的整理（详见表2-9）。为了正确评价援引的指标，有必要重视如下两个因素。第一，正常情况下，在援引材料时要确定上

---

[1]　Цензовая промышленность. С. 12.

[2]　Мелкая и кустарно-ремесленная промышленность. Вып. 2. С. 29.

[3]　РГАЭ, ф. 1562. оп. 8, д. 826.

述指标与大工业之间的比例关系：小工业和手工业中的工人数量要占工人总数量的 40%～67%；小工业和手工业产值要占工业总产值的 20%～33%。第二，大多数学者在计算过程中，编者在统计加工过程中，使用的有关大型工厂工业的数据是被严重低估的：雇用工人数量要超过 250 万，而产值要为 450 万～560 万卢布[1]（与表 2-1 相比）。

表 2-9　小手工业数据汇总

数据来源	从业人数（百万人）	产值（千卢布）
	1900 年	
С. 普罗科波维奇	5.4 *	541.4 *
	1913 年	
С. 普罗科波维奇	6.5 *	784.0 *
А. 雷布尼科夫	5.2	2400.0
В. 格里涅维茨基	1.3 **	1050.0 **
Б. 古赫曼	5.5 ***	
《苏联工业地图册》	4.1	
中央国民经济统计局的书面报告	4.3	
	1924～1925 年	
1925 年普查	2.7	1613
	1927 年	
《苏联工业地图册》	3.9	

* 欧俄地区 50 个省的数据。

** 只是"有组织的"工业。

*** 1922 年之后苏联援引的都是这个指标。

　　工业征税的统计数据使我们对包括个体手工作坊在内的小企业的数量有所了解。[2] 在统计出版物中，需要提交报告的企业数量与不需要提交报告的

---

① Прокопович С. Н. Указ. соч. С. 58－59；Мелкая и кустарно-ремесленная промышленность. Вып. 1，С. V；Цензовая промышленность. С. 56－57.

② Статистика прямых налогов и пошлин. Государственный промысловый налог. Основной налог с отчетных и неотчетных предприятий и дополнительный налог с неотчетных предприятий за 1912 год. Пг.，1915.

企业数量悬殊。例如，1912 年需要提交报告的企业数量（4456）明显低于普查和调查过程中登记的企业总数，当时不需要提交报告的小型工业企业达到 185594 家。这一指标得到了个体手工业营业执照资料的补充，1912 年执照为 330639 份。为商业企业发放的 1224899 份执照也可以添加进来。应该说，这些数据反映的主要是城市手工业活动状况。

通过估算，以及在考虑指标纵向分布的前提下对小工业和注册工业数据进行对比，有助于对雷布尼科夫（А. А. Рыбников）所谓最低指标的可能性做出推断。表 2 - 10 提供的是手工业和大型工厂工业的计算结果。

表 2 - 10　1913 年俄国手工业和小工业的基本指标

工业	从业人数（千人）	产值（百万卢布）	人均产值	
			每个工人（千卢布）	每个居民（卢布）
大型工业	3.1	7.3	2.4	43.0
小型工业	5.2	2.4	0.5	15.2
共计	8.3	9.7		61.8

在一定阶段，各种类型的小生产部门的分布促进了合作社基础的形成。表 2 - 11 显示的是有关一战前夕俄国合作社规模的著名报告。[1]

我们应该重视拥有大量合作社的省份小工业和手工业中从业人数（绝对和相对）之间的相互关系。其中北部地区的省份（阿尔汉格尔斯克省、沃洛格达省、奥洛涅茨省）最具代表性。在北部地区的小工业中有 13.55 万名工人（占当地工人总数的 85% 以上）和 827 个合作社，在中部黑土地区有 35 万名工人（占 88.5%）和 1826 个合作社，在乌拉尔地区有 35.64 名工人（占 90% 左右）和 2000 多个合作社。[2]

---

[1]　Таблица составлена по данным: Труды ЦСУ. Т. Ⅶ. Вып. 2. М., 1920. С. 240.

[2]　См.: Цензовая промышленность. С. 56 - 57; Труды ЦСУ. Т. Ⅷ. Вып. 2. М., 1922. С. 240.

表 2 - 11　1913 年主要类型的合作社数量

合作社类型	全俄	欧俄	高加索	俄亚洲部分
信用合作社	7625	6078	496	1051
信贷销售合作社	2392	2047	188	164
消费合作社	7742	6899	237	606
农业合作社	2919	992	106	1821
农业协会	3184	2992	71	121
其他	384	302	54	28
共计	24246	19310	1152	3791

　　工业发展一方面是为铁路建设服务，另一方面是 19 世纪 20 世纪之交运输交通网络的扩大以及各种通信方式不断出现的结果。1900 年之前，俄国的铁路长度只有 4 万多俄里。[①] 铁路建设空间还很大，当时铁路网的密度非常小：每平方俄里的铁路网长度只有 2.13 俄里。在欧俄地区这一指标较高（7.4 俄里），在亚洲部分只有 0.2 俄里。[②] 应该说，修建铁路既是为满足农产品出口的需要，通过铁路将农产品运到港口，同时也是为满足军事战略需要。这就导致不同省份铁路网密度存在很大差异，工业区的铁路网密度也并不总是最高的。省份面积的大小和水路发展程度的差异也会影响铁路网密度（详见表 2 - 12）。[③]

　　俄国的铁路系统包括普通轨道和地方的宽轨和窄轨，以及连接仓库、码头、港口的支线，通往工厂、矿山、矿井的专线等。截至 1913 年，铁路总里程达到 6.85 万俄里，而到 1916 年已经超过 7.3 万俄里。[④]

　　20 世纪初，俄国的邮电通信业发展也很迅猛，这主要是因为信息交流

[①]　1 俄里约等于 500 俄丈，等于 1.0668 千米。

[②]　Железные дороги Европейской и Азиатской России. СПб., 1899. С. Ⅶ.

[③]　Показатели вычислены по данным: В. Ф. Мейен. Россия в дорожном отношении. СПб., 1902.

[④]　Железнодорожный транспорт в 1913 г.: статистические материалы. М., 1925. С. XXXII. Оппенгейм К. А. Россия в дорожном отношении. М.. 1920. С. 111, 114.

逐渐频繁，社会对该行业的实际需求不断增长。表2－12a 反映的是一年内邮电通信的发展状况。[①] 援引的数据证明通信机构的布局得到了发展，邮电服务已经扩展到基层的行政组织。邮电、邮寄和汇款数量的增长也很快（分别占 6%、8%、11%），已经超过了邮电通信技术的改进速度。

表 2－12　1900 年各省铁路和水路分布状况

单位：俄里

省份	每平方俄里铁路长度	每平方俄里水路长度	省份	每平方俄里铁路长度	每平方俄里水路长度
阿尔汉格尔斯克	0.1	1.2	诺夫哥罗德	3.2	9.7
阿斯特拉罕	0.5	2.5	奥洛涅茨	0.8	2.6
比萨拉比亚	10.3	20.2	奥伦堡	1.5	0
维列伊卡	10.1	7.7	奥廖尔	12.6	4.3
维捷布斯克	9.9	10.6	奔萨	10.2	4.5
弗拉基米尔	0.9	0.8	彼尔姆	2.2	4.0
沃洛格达	0.8	4.8	彼得堡	9.0	17.3
沃伦	5.9	3.0	波多利斯克	15.5	5.9
沃罗涅日	10.5	2.9	波尔塔瓦	8.6	4.3
维亚特卡	1.6	4.9	普斯科夫	8.3	4.5
格罗德诺	15.3	14.9	梁赞	13.4	7.4
顿斯科伊	6.1	5.5	萨马尔	4.9	4.2
叶卡捷琳诺斯拉夫	16.6	3.2	萨拉托夫	9.3	4.2
喀山	1.5	8.7	西伯利亚	7.1	10.0
卡卢加	1.1	0.1	斯摩棱斯克	8.4	5.2
基辅	10.3	5.9	塔夫里达	6.6	1.5
科文	8.0	2.9	坦波夫	11.5	4.2
科斯特罗马	1.3	9.9	特维尔	6.5	9.1
库尔良季亚	7.6	8.4	图拉	16.7	4.4
库尔斯克	13.9	0	乌费姆斯克	2.8	4.3
利夫良季亚	9.6	4.5	哈尔科夫	10.2	0
明斯克	6.8	9.7	赫尔松	8.6	6.4
莫吉廖夫	5.5	11.7	切尔尼戈夫	10.4	8.8
莫斯科	20.8	7.6	爱斯特兰的	11.9	1.9
下诺夫哥罗德	2.3	6.6	雅罗斯拉夫尔	6.7	10.4

---

① Таблица II. 12 составлена на основе материалов: Труды ЦСУ. Т. VII. Вып. 2. М., 1922. С. 232－233.

表 2 – 12a　1913 ~ 1914 年邮电通信业发展指标

全部指标	1913 年	1914 年
国家邮电机关数量(个)	7152	7531
邮电发送数量(千件)	4585	4896
邮政寄件数量(千件)	2650	2943
邮件价值(千卢布)	9884	13241
电报发送数量(千封)	524	548
邮政汇款单数量(千张)	49420	53246
邮政汇款总额(千卢布)	2528	2660
标明价格的邮件数量(千件)	5333	5582
标明价格的邮件总价值(千卢布)	6854	10050
铁路邮电机关数量(个)	4949	5006
接发邮件的乡公所数量(个)	4112	4372
邮电职员和工人数量(个)	82612	86411
电报机数量(台)	11133	11943
电报线路长度,包括铁路和警察局(俄里)	215216	225468
电话线路长度(俄里)	753667	789787
邮政驿站数量(个)	4271	4268
驿站间隔距离(千俄里)	273	273
邮政驿路总长度(千俄里)	129601	132149

　　19 世纪 20 世纪之交，俄国工业生产的发展是与工业劳动的普及、手工业者的流动、企业活动收入的增加、基层工业生产组织的发展分不开的，这一点体现在收入结构的变化方面（详见表 2 – 13）。[1]

　　在分析收入结构数据时，必须考虑到间接税是收入的主要来源：关税和酒销售税在 1895 年分别占税收总额的 14.2% 和 24.6%，1910 年分别占 10.8% 和 29.1%。手工业税收和货币资本所得税在直接税收中所扮演的角色发生了根本性变化。两种税收在 1885 年分别占 19.8% 和 2.9%，而 1910 年分别增加到 54.8% 和 11.8%。表 2 – 14 直观地反映出这一趋势。

---

[1]　Таблицы II. 13 и 11. 14 составлены по изданию：Статистический ежегодник на 1913 г. СПб. , 1913. С. 322 – 323.

表 2 - 13　一般收入结构

收入类型	1885 年		1895 年		1910 年	
	百万卢布	占比(%)	百万卢布	占比(%)	百万卢布	占比(%)
一般收入金额	765.0	100	1255.8	100	2781.0	100
土地税、不动产税	100.8	13.2	46.5	3.7	71.3	2.6
工业税	25.8	3.4	42.8	3.4	118.4	4.2
货币资本收入税	3.8	0.5	13.9	1.1	25.4	0.9
铁路收入	10.6	1.4	194.7	15.5	625.9	22.5
邮政、电报、电话收入	25.3	3.3	38.9	3.1	95.2	3.4

表 2 - 14　直接税种类

收入类型	每年增长率(%)				
	1885 年	1895 年	1900 年	1905 年	1910 年
土地税、不动产税	100	45	46	45	72
手工业税	100	166	271	240	451
货币资本收入税	100	366	424	513	668
铁路收入	100	1837	3412	4071	5905
邮政、电报、电话收入	100	153	195	278	372

　　行业结构特点和行业变化特征是工业发展的重要指标。采掘工业部门和加工工业部门之间的关系非常重要。虽然由于统计方法的不同有所波动，但这一时期加工工业在俄国工业产值中所占比例仍然很高（详见表 2 - 15）。因此在一些采矿工业部门存在很多小企业和劳动力过剩企业，在企业和工人数量方面，采掘工业所占比例很高。企业数量减少间接说明了生产单位在逐渐合并，随着这些领域生产单位的不断减少，1908 年工人数量也在明显下降。[1]

　　对 1908 年的普查资料中某些行业的生产指标进行细致的分析，有助于总结这些行业的结构特征（详见表 2 - 16）。棉花加工、金属加工和食品加工这三个行业在俄国工业生产中起主导作用，它们的产值分别占 19.6%、15.7% 和 32.4%。

---

　　① Бовыкин В. И. Динамика промышленного производства. С. 42，45，52.

表 2 - 15 加工工业在整个工业体系中的地位

年份	加工工业所占比例（％）		
	企业数量	产值	工人数量
1900	87.2	91.4	82.1
1908	85.2	92.4	90.4
1913	82.1	90.4	82.3

表 2 - 16 1908 年工业生产基本指标中的行业比例

工业领域	比例（％）		
	企业数量	产值	工人数量
Ⅰ. 棉花加工业	4.2	19.6	20.0
Ⅱ. 羊毛加工业	4.4	5.0	5.8
Ⅲ. 丝织品加工业	1.2	0.8	1.3
Ⅳ. 亚麻加工业	1.2	2.0	3.5
Ⅴ. 混合生产	1.6	1.0	1.4
Ⅵ. 造纸			
纸浆、纸张、印刷业	5.7	2.7	3.4
Ⅶ. 木材加工业	8.1	2.5	3.6
Ⅷ. 金属加工业			
机器生产业	9.9	15.7	21.4
a 铁路加工业	0.7	1.5	3.3
b 采矿金属加工业	0.8	4.4	7.6
Ⅸ. 矿物质加工业	6.4	2.0	5.3
Ⅹ. 畜产品加工业	5.0	3.3	2.4
Ⅺ. A. 食品加工业（不缴纳消费税）	13.0	14.0	3.6
Ⅺ. B. 食品加工业（缴纳消费税）	20.9	18.4	11.4
其中国家酒类仓库	1.5	7.1	1.2
Ⅻ. 化学生产	2.0	3.7	2.5
ⅩⅢ. 其他生产	0.3	0.5	0.2
采矿工业	16.1	8.8	14.2

　　而且在棉花加工业和金属加工业中无产阶级非常集中：分别占 20％ 和 21.4％。食品加工业在整个俄国工业产值中所占的较高比例，与该行业的实际作用不是完全相符的。因为食品加工业的高产值是一些特殊因素造成的，

例如消费税和国家酒垄断等。应该注意的是，在不同行业中企业数量悬殊。在棉花加工领域企业数量最少，占 4.2%；在相对较高的金属加工领域，占 9.9%；最高的是食品加工业，占 33.9%。对比上述行业中的企业数量指标，我们可以得出这样的结论，即棉花加工领域生产最为集中，而金属加工和食品加工领域生产相对分散。这一结构对于探讨俄国工业高度集中的特点和性质问题非常重要。正如我们所看到的，在与国家政治控制无关，与通过政府订货方式给予财政支持无关的工业领域，生产集中化进程更快。这些领域是从俄国农村普遍存在的手工生产和"家庭"生产体系中产生的。

　　谈到行业作用，我们不能不指出，纺织工业在俄国工业体系中扮演着重要作用。纺织行业在企业数量方面占 11%，在产值方面占 27.4%，在工人数量方面占 30.6%。其中棉花加工和羊毛加工业指标起到了关键性作用（羊毛加工业分别占 4.4%、5% 和 5.8%）。在其他行业中，产值所占比例较高是化学工业（占 3.7%），工人数量较多的是矿物质加工业（占 5.3%），企业数量较多的是木材加工业（占 8.1%）。由于 1908 年俄国普查不包括加工工业和采掘工业（准确说是采矿工业），因此要想总结采掘工业的特点，只能使用材料处理过程中计算出来的一些指标，包括 1908 年普查资料。[1] 表 2 – 17 的数据可以证明煤炭和石油开采部门在采掘工业产值中占很高比例，特别突出的是动力装备率和工人数量所占比例（分别占 47% 和 12.6%）。劳动力比例较高的是铁矿石开采（占 8%）和金矿开采（22%）领域。金矿开采领域劳动力比例高主要是因为与铁矿石开采企业（平均每个企业 10.4 马力）相比，金矿开采领域动力装备率更低（平均每个企业 4.8 马力），企业数量更多。

　　俄国工业部门结构的特点是，19 世纪 20 世纪之交与 1908 年基本一致。虽然工业部门结构没有发生根本性变化，但一些部门的指标还是发生了变化。

---

　　① Статистические сведения... за 1908 год. СПб., 1912. С. 3.

表 2-17　1908 年采矿工业总体指标

领域	企业数量	生产总值(千卢布)	工人数量(人)	发动机功率(马力)
金矿开采	1524	54000	81235	7287
开采:				
铂金	158	7000	555	—
银矿	20	1763	—	—
锌矿	7	4479	1765	303
铜矿	122	29075	12211	3072
铁矿	490	328520	29705	5092
锰矿	126	2200	2855	355
煤矿	472	125100	174061	158643
石油开采:				
非巴库油田	82	14000	3929	7646
巴库油田	323	211839	42616	113166
开采盐矿	322	9000	11514	2092
开采其他矿产	137	1745	7038	1434
总计	3787	424844	367484	299090
采石场	16392	6996	63000	—
共计	20179	431880	430484	299090

笔者在《1895 年清单》，以及 1900 年和 1908 年"统计数据"基础上编制成了一个表格（详见附录Ⅱ，表格 1），该表格收录了俄国 12 个工业部门 8 个方面的数据：企业数量，工人数量，产值，发动机功率，该部门的分布，企业在工人数量、生产总值和发动机功率方面的平均值。[①] 分析这些数据可以得出如下结论：虽然在所有工业部门企业数量都在增加，但是在绝大多数部门（所有的纺织生产部门、矿物质和食品加工部门、畜产品加工部门、化学生产部门）企业数量变化并不明显。只是金属加工部门、木材加工部门、造纸—印刷部门的地位发生了根本变化。当时无论是整个工业领域，还是大部分工业部门，在工人数量和产值方面都发生了重要变化。如果说 1895 年有半数的工业部门其从业人数不足 5 万，那么到 1908 年只有丝织

---

① Промышленность России на рубеже ⅩⅨ - ⅩⅩ вв. М. , 1992. С. 27 - 37. Обработка данных проведена В. В. Михеевым.

品加工和混合材料加工部门低于该项指标。有两个领域（棉花加工和金属加工）1908 年工人数量在 50 万以上，另外两个领域（矿物质加工和化学工业）的工人数量在 10 万以上。1895～1908 年，加工工业的产值增长更为明显：棉花加工、丝织品加工、亚麻加工、木材加工、混合材料生产和造纸等六个领域产值增长了 1 倍，食品工业产值增长了 2 倍，金属加工业产值增长了 3.5 倍。1895 年，各领域之间产值相差并不大，因为很多领域产值不超过 1 亿卢布。到 1908 年不仅各领域生产规模明显扩大，而且各领域间产值分化比较严重。例如，1908 年产值超过 1 亿卢布的有五个领域，但这五个领域的产值相差也很大：羊毛加工领域产值超过 2.4 亿卢布，而包括石油工业在内的化学工业，产值接近 4 亿卢布。虽然丝织品加工和矿物质加工领域的生产规模也有所扩大，但它们的产值变化不明显。各领域的动力装备率指标变化是非常矛盾的。在指标增长的同时，动力装备率指标的初始标准（达到 1 万马力）在很多领域并未发生根本性变化。只有几个领域（毛纺工业、木材加工业和造纸—印刷业）动力装备率接近 10 万马力。但这些领域与达到 16.5 万马力的那些领域还存在很大差距。指标较高的各领域之间动力装备率也是不均匀的，棉花加工和食品加工业的动力装备率是化学工业的 2 倍多。金属加工业的动力装备率增长最快，1908 年达到 59 万马力，是 1900 年的 3.5 倍。

确定某些领域工人的平均产值和动力装备率（详见表 2-18），有助于总结该领域的特点，方便将其与加工工业整体指标进行对比。这些整体指标说明：1895 工人的平均年产值为 1.45 千卢布，1900 年为 1.6 千卢布（动力装备率为 马力），1908 年为 2.0 千卢布（动力装备率为 0.85 马力）。

表 2-18　加工工业领域工人的平均产值和动力装备率

领域	I		II		III		IV	
	1	2	1	2	1	2	1	2
5	.38	—	1.22	—	0.70	—	0.80	—
0	.33	0.70	2.05	0.45	0.97	0.16	0.84	0.40
8	1.87	0.75	1.63	0.63	1.11	0.24	1.04	0.57

领域\年份	V		VI		VII		VIII	
	1	2	1	2	1	2	1	2
1895	0.85	—	1.06	—	1.31	—	1.30	—
1900	1.22	0.24	1.18	0.88	1.32	0.59	1.55	0.69
1908	1.45	0.32	1.50	0.97	1.32	0.82	1.38	1.07

领域\年份	IX		X		XI		XII	
	1	2	1	2	1	2	1	2
1895	0.75	—	2.03	—	2.21	—	1.86	—
1900	0.63	0.30	2.19	0.17	2.50	0.70	3.05	0.79
1908	0.72	0.32	2.59	0.29	3.82	1.00	3.63	1.54

注：①工人平均年产值（千卢布）。
②工人平均动力装备率（马力）。
食品工业（XI）1900 年的指标是根据缴纳消费税的生产单位的数据计算出来的。

1895 年不同领域工人的平均年产值围绕 0.7 千卢布～2.21 千卢布波动，整个加工业的均值为 1.45 千卢布。可以看出，最低值比均值的一半还要低，而最高值则比均值高 50% 以上。1908 年在整个加工工业中工人的平均年产值为 2 千卢布，最低值（0.72 千卢布）与最高值（3.82 千卢布）悬殊。最低值和最高值与平均值之间相差得更多，均值几乎是最低值的 2.5 倍，而最高值又几乎是均值的 2 倍。1900 年欧俄地区最高值与最低值之间相差也很大：分别为 0.63 千卢布和 3.05 千卢布。而 7 个领域的动力装备率指标是这样的，它们要么接近于均值，要么略高于均值，与均值相差得很小（化学工业除外）。

遗憾的是，在研究者使用的材料中，有关 1909～1914 年工业高涨结果的俄国工业基本经济数据没有特别细致和完整的，而且很多数据还不一致。以《俄国和苏联工业进程》出版物为例，该出版物只有 1913 年的数据。作为国家工业潜力的基础，欧俄工厂工业结构中有关大生产发展动态的著名报告，是在 1910～1912 年普查过程中得出的。1912 年的各项指标，均与 1900 年和 1908 年的数据进行了对比（详见表 2－19）。1912 年普查并未统计数量众多的小企业，这类小企业在畜产品加工业、食品加工业和采矿工业中比较

多，虽然这种做法导致各行业在企业数量、工人数量和产值等方面的数值与
实际状况存在一定偏差，但是行业结构的整体状况还是保存了下来。主要是
通过棉花加工、金属加工（包括采矿）和食品加工业等行业在总产值中所
占比例来判断的。同时通过表格可以看出，大规模生产取得了一定发展，尤
其是以大型和超大型企业为主的领域。棉花加工业所有指标的增长已经说明
了这一趋势。从亚麻加工和畜产品加工等领域的指标，可以特别清楚地看出
大规模生产的发展动力。首先，虽然1912年与1910年相比，企业数量明显
减少，但工人数量和产值在增加。在企业和工人数量整体减少的情况下，畜
产品加工业的指标却在增长。特别有趣的是产值的整体指标，与1900年相
比，除了食品加工业，其他所有领域都在增长，与1908年相比，绝大部分领
域（12个领域中有8个）在增长。其次，从产值指标的增长趋势可以看出，
生产设备和动力设备的改进、劳动集约化程度的提高，对生产产生了重要影
响，这一趋势对于大规模生产来讲是特别典型的。这种状况证明了表2-19的
对比结果：1912年与1908年相比，所有领域的产值增长比例都要高于工人
数量的增长比例。

表2-19　1912年各领域的整体状况

领域	企业数量（家）	在企业总数中所占比例（%）	与1900年相比（%）	与1908年相比（%）
Ⅰ	837	6.3	114.6	85.5
Ⅱ	1092	8.3	119.2	105.3
Ⅲ	220	1.7	71.2	79.4
Ⅳ	230	1.7	57.1	83.6
Ⅴ	404	3.1	118.4	105.2
Ⅵ	1069	8.1	100.0	80.2
Ⅶ	2032	15.4	142.1	106.8
Ⅷ	2190	16.5	35.5	35.6
Ⅸ	1711	13.0	117.5	112.5
Ⅹ	723	5.5	57.6	63.0
Ⅺ	2309	17.5	24.4	29.0
Ⅻ	383	2.9	108.0	48.0
共计	13200			

领域	工人数量 （人）	在工人总数中 所占比例（%）	与1900年相比 （%）	与1908年相比 （%）
I	509510	28.1	127.4	99.3
II	139294	7.7	102.0	93.0
III	36184	2.0	113.1	07.1
IV	85484	4.7	107.6	94.4
V	48790	2.7	178.2	34.2
VI	67600	3.7	94.0	77.0
VII	101196	5.6	137.0	08.0
VIII	484362	26.7	80.0	42.0
IX	173078	9.6	135.2	28.0
X	45642	2.5	90.0	73.0
XI	78066	4.3	25.0	20.0
XII	42527	2.3	140.0	40.0
共计	1811713			

领域	产值 （千卢布）	在总产值中 所占比例（%）	与1900年相比 （%）	与1908年相比 （%）
I	1045255	25.7	197.0	109.0
II	285822	7.0	158.0	118.2
III	53175	1.3	171.4	142.0
IV	115972	2.8	173.3	123.0
V	77489	2.0	231.2	147.2
VI	129150	3.1	161.4	98.2
VII	174643	4.3	178.5	141.2
VIII	938970	23.0	145.6	74.2
IX	153340	4.0	190.3	158.2
X	174153	4.2	156.0	107.2
XI	692693	17.0	89.0	44.2
XII	229900	5.6	248.0	59.2
共计	4070542			

注：金属加工领域（VIII）（包括采矿工业）的指标。XI领域不包括缴纳消费税的生产单位
资料来源：表格是根据普查汇总表数据编制而成的——РГИА，ф.23，оп.27，д.121，л.14，15。

有关一战前夕俄国工业生产规模的报告，可以补充中央国民经济统计局公布的报告中包含的有关1913年一些领域和生产部门的居民手工业活动的

信息。例如，除了注册的毛纺工业中的12.93万名工人之外，在手工制毡生产行业还有25万名工人；在矿物质加工行业除了注册企业的17.3万名工人之外，在手工制陶生产中还有4.92万名工人。在农业机器修理厂和农村铁匠铺有26.1万名工人（大型金属加工业中的48.43万名工人除外），而食品工业中的手工业者多达62万名，对于无须缴纳消费税的注册生产企业中的7.8万名工人来说，这些工人是很好的补充。在木材加工业中手工业者数量更多，多达83.4万名。仅箍桶—制桶行业就有9.35万名手工业者（而注册企业中只有2500名）。在木材加工业，注册工业中共有10.12万名工人。在混合材料加工领域，手工业者也是注册工业中工人的强有力补充（多达4.88万名）。在花边手工生产领域有12.8万名工人，在缝纫行业有447名工人，在针织品行业有91名人，在玩具生产行业有8100名工人。在畜产品加工业中也有不少手工业者。在马具—鞍件行业有2.13万名工人，在制革—制鞋行业有453名工人，在羊皮袭加工行业有56名工人，在其他生产部门有1.74万名工人。在畜产品加工领域，注册工业中共有工人4.56万名。

在第一次世界大战期间，俄国的工业发展进程和行业结构发生了明显变化。沃罗比耶夫（Н. Я. Воробьев）在处理1918年工业普查结果时对这些问题进行了细致研究，西多罗夫（А. Л. Сидоров）在作品中也对该问题进行了研究。[①] 与1913年相比，未来几年俄国工业产值增长动态如下：1914年产值是1913年的101.2%，1915年为113.7%，1916年为121.5%，1917年为77.3%。正如西多罗夫所指出的，总数掩盖了工业发展的双重趋势：一些领域（金属加工业、化学工业）取得了巨大发展，而另一些领域（棉花加工业、木材加工业、矿物质加工业生产逐年缩减）。这就导致某些领域在工业结构中的角色发生了明显变化。根据沃罗比耶夫的数据，1916年俄国工业主要领域在总产值中所占比例如下：金属加工业占28%，化学工业占12.5%，食品工业占17.2%，棉花加工业占13%。然而，这些数据与一些

---

① Воробьев Н. Я. Изменения в русской промышленности в период войны и революции// Вестник статистики, 1923, кн. XIV; Сидоров А. Л. Экономическое положение России в годы первой мировой войны. М., 1973.

领域的实际状况并不完全相符，因为很多企业生产虽然下降，但并没有倒闭，也没有停产。此外，虽然产值只是一个标志，但它依然可以反映出价格增长这一事实。正如表 2 - 20 中数据所反映的，战争期间主要是金属加工业、机器制造业和化学工业在俄国工业部门体系中发挥主导作用。实际情况也已经证明，这些部门在俄国工业总产值中所占比例在提高。同时可以肯定的是，纺织工业和食品工业生产在下降，因为这两个行业在产值中所占比例明显降低。但是产值降低只是临时性的，并没有导致它们失去主导性地位，上述两个领域中的工人数量在俄国工人总数量中所占比例仍然很高。

谈到第一次世界大战期间俄国工业发展动态，不得不指出的是，工业发展原有趋势遭到了破坏，出现了如下趋势：在多数情况下，产值的增长速度要低于工人数量的增加速度（详见表 2 - 21）。[1]

表 2 - 20   1917 年之前工业部门的结构变化

领域＼年度指标	在总量中所占比例（%）			
	1908 年		1918 年	
	产值	工人数量	产值	工人数量
纺织工业（Ⅰ～Ⅴ）	27.4	30.6	20.4	33.0
造纸和印刷行业（Ⅵ）	2.7	3.4	1.8	3.4
木材加工业（Ⅶ）	2.5	3.6	1.5	2.7
金属加工业（Ⅷ）	15.7	21.4	27.6	15.5
畜产品加工业（Ⅹ）	3.3	2.4	2.7	1.7
食品工业（Ⅺ）	32.4	15.0	17.2	14.0
化学工业（Ⅻ）	3.7	2.5	12.5	3.3
采矿工业	8.8	14.2	13.7	18.0
其他领域	3.5	6.9	2.6	8.4

资料来源：《俄国工业变化》，第 152～153 页；普查结果出版物《中央统计局的作品》，26 卷本，第 1 卷，莫斯科，1926，第 5 页。1918 年的指标中不包括波罗的海地区和西部省份的数据。

---

[1]   Данные исчислены по изданию: Статистический сборник за 1913 - 1917 гг. （Труды ЦСУ. Т. VII, вып. 2）.

表 2 – 21　1913～1918 年工业生产指标变化情况

年份	工人数量（人）	年增长比例（%）	产值（卢布）	年增长比例（%）
1913	1377559		3509423	
1914	1441028	4.6	3660532	4.3
1915	1527955	6.0	4198970	15.0
1916	1649398	7.9	4365735	4.0
1917	1743178	5.6	3032582	– 31.0
1918	1416984	– 19.0	730313	– 76.0

　　从 1917 年开始，生产急剧下降，而工人数量仍然保持增长趋势，虽然有所下降，但下降得并不明显，只是 1918 年较上一年下降了 19%。如果将两项指标的最高值与 1913 年相比，我们可以发现，1916 年产值增长了 24.4%，而 1917 年工人数量增长了 26%。

　　需要强调的是，金属加工业和化学工业增长更快，因为这两个领域不仅与建设新企业、扩建和改建老企业有关，而且与创建一些新生产部门和领域有关。国家国防特别会议制定的工业发展系列纲要的实施，在这一进程中发挥重要作用。[1] 实施国防计划需要建立汽车、航空、发动机制造、化学物质生产等行业的基础。[2] 不仅要建设新工厂，还要疏散企业，然后在新地点进行重建，改变某些地区的工业潜能[3]，包括伏尔加河流域和中部黑土地区。

---

[1] Особое совещание по обороне государства было учреждено в августе 1915 г. с целью регулирования и расширения производства в условиях военного времени. См.: Воронкова С. В. Материалы Особого совещания по обороне государства. М., 1975.

[2] См. об этом: Банков С. Н. О состоянии нашей металлообрабатывающей промышленности к началу войны 1914 г. и во время войны // Научно-технический вестник, 1921, N 6; Ипатьев В. Работа химической промышленности на оборону во время войны. Пг., 1920; Сидоров А. Л. Указ. соч. С. 363 – 368, 424 – 434; Урибес Э. Коксобензольная промышленность России в годы первой мировой войны // Историч. записки, 1961. Т. 69; Воронкова С. В. Строительство автомобильных заводов в России в годы первой мировой войны (1914 – 1917 гг.) // Историч. записки, 1965. Т. 75; Дузь П. Д. История воздухоплавания и авиации в России. М., 1989. С. 4 – 76.

[3] Сидоров А. Л. Эвакуация русской промышленности во время первой мировой войны // Вопросы истории, 1947, N 6; Нетесин Ю. Н. Эвакуация промышленности Латвии в первую мировую войну // Проблемы истории. Т. VI. Рига, 1962.

扩大生产满足国防订货，以及建设新企业均会促进俄国工业技术设备的增加。需求的增长主要靠进口来满足，但更集约的办法还是建立自己的机床制造业。① 生产技术的发展具有相对性，因为企业家一般会倾向于充分使用原有设备来完成战争订货。此外，在 1917 年之前，常常是由本国和外国技术企业共同生产船用设备，因为在 1916 年末工业生产开始下降，并且出现了普遍的经济危机，即使本国和外国企业共同生产仍然无法完成生产计划。这种情况在企业和航空工厂中也同样存在。很多企业生产的只是设备的一部分。当时在这类企业之外还有一定数量的工人在参与设备的制造和安装工作。类似现象说明，在 1917 年之前工业中的工人数量增长与产值下降之间就已经出现了某种程度的失衡。通过结果可以推断，尤其是将上述事实与 1918 年动力设备增长情况进行对比可以发现（详见表 2 - 8），1915 ~ 1917 年俄国生产潜力有了一定增长，但生产潜力的增长并没有直接转化为工业产品数量的增加。第一次世界大战爆发后，战争的影响和经济崩溃的加深直接破坏了已经建立的工业基础：企业倒闭，设备遭到破坏或是完全磨损。这些情况表明，苏联时期的工业化任务是非常艰巨的。

在上述材料中，俄国工业发展状况是由国家规模和某些行业的水平决定的。首先，我们有必要先探讨一下有关 20 世纪初某些生产部门发展特点的研究方法问题。对比三次普查材料可以发现，新生产部门的出现存在一定的周期性，这本身也是俄国工业发展的重要特点。例如，通过 1908 年普查发现，在棉花加工业中分化出了轧棉生产部门。轧棉生产部门的绝大部分企业（共计 220 家）分布在费尔干纳州。工厂共有 7222 名工人，发动机总功率为 6021 马力，产值为 6690 万卢布。轧棉企业的平均规模不大：年产值 30.4 万卢布，33 名工人。但是工人的动力装备率较高，达 0.8 马力（整个部门为 0.75 马力），个别工人的工资达 9300 卢布（整个部门平均工资为 1870 卢布）。1910 ~ 1912 年的普查资料记录了欧俄地区轧棉工厂产量增

---

① Гриневецкий В. И. Послевоенные перспективы русской промышленности. М.，1919；Сидоров А. Л. Экономическое положение. . . С. 363 – 368.

长过程：1911 年产量是 1910 年的 2.8 倍，而 1912 年产量是 1911 年的 1.2
倍。

　　例如，一些生产部门比该领域的整体发展趋势表现得更为突出。前文已
经指出，造纸—印刷工业的发展表现在多个方面。然而，这一趋势的表现程
度在不同领域的生产部门之间也存在很大差异（详见表 2 - 22）。从表格数
据可以看出，在不同领域，各个生产部门参数的增长幅度也是不同的。各个
生产部门增长情况的不同也可以证明这一点。1908 年整个行业比 1900 年增
长了 56.2%，而纸浆生产部门增长了 4.7 倍，空烟筒生产部门增长了 77%。
从普查材料可以看出，虽然一些生产部门在发展过程中困难重重，但摆脱危
机状态的条件已经形成。

表 2 - 22　造纸—印刷业一些生产部门的发展指标

生产部门	企业数量（家）	产值（千卢布）	工人数量（人）	发动机功率（马力）
1900 年				
纸浆生产	1799.5	2023.0	2438	
纸筒生产	101.0	3048.6	3247	77.0
整个行业	1069.0	84526.8	71965	63160.0
1908 年				
纸浆生产	10348.0	2494.0	5900	
纸筒生产	107.0	5414.7	3651	451.8
整个行业	1333.0	132059.7	88008	85642.0

生产部门	平均每个企业			平均每个工人	
	产值（千卢布）	工人数量（人）	发动机功率（马力）	产值（千卢布）	发动机功率（马力）
1900 年					
纸浆生产	257.0	289.0	348.0	0.90	1.20
纸筒生产	30.2	32.0	0.7	0.90	0.02
整个行业	75.0	67.0	59.0	1.18	0.80
1908 年					
纸浆生产	2578.0	636.0	1475.0	4.10	2.40
纸筒生产	50.6	34.1	4.2	1.50	0.10
整个行业	99.0	66.0	64.2	1.50	0.97

因此，在战前工业高涨之初，很多研究者就发现机车车辆制造业不太景气。的确，通过对比 1900 年和 1908 年的普查资料可以发现，在工厂数量略有增长（从 14 家增加到 18 家）的情况下，年产值和工人数量均有所减少：年产值从 9190 万卢布减少到 8530 万卢布，工人由 56130 人减少到 48672人。而蒸汽机车和车辆制造企业的动力功率从 39138 马力增加到 51299 马力，增长了 31%。1910～1912 年的普查数据表明，车厢生产部门的产值从1910 年的 2725.3 万卢布增长到 1912 年的 4135.7 万卢布。几年间蒸汽机车和车厢的产量变化情况也可以证明该行业的发展趋势。1912 年产量最低，生产了 306 辆机车，第二年蒸汽机车的产量就增长到 535 辆，而 1914 年已经达到 749 辆。1909～1914 年的车厢年产量分别为：5489 节、9057 节、8858 节、11488 节、20429 节、31674 节。[1]

集中化程度和集中过程是评价大工业的重要指标。遗憾的是，至今我们掌握的，可以适用于整个俄国的只有关于劳动力集中问题的数据。通过这些数据可以判断大型生产部门的规模，以及它们在工人数量等指标中所占的比例。据乌加罗夫统计，1906 年在俄国大型企业中，工人超过 1000 人的企业集中了欧俄地区所有工人数量的 41.5%，而工人为 505～1000 人的大型企业集中了 15.3% 的工人[2]，两类企业共集中 56.8% 的工人。也就是说，有一多半工人集中在大型和超大型企业中。实际上这一指标也是被低估的，因为在普查过程中并未统计小型工厂企业。将普查材料和《工厂检查员的报告汇编》中的小企业工人所占比例数据进行对比，很容易发现上述问题。例如，根据 1908 年的普查数据，工人在 50 人以上的企业集中了7.7% 的工人，而根据工厂检查员的数据，在不同年份这一比例围绕 10%～12% 波动。

还应该注意到，拥有工人高度集中的大型企业并不是所有行业的特点，勉强可以说是企业工艺流程的特点。但是，在某些领域确实存在产值非常高

---

① Оппенгейм К. А. Указ. соч. С. 117.
② Угаров И. Ф. Указ. соч. С. 186.

的大型和超大型企业。此外，正如前文所述，生产集中过程一般会快于劳动力集中过程，因此博维金非常重视 19 世纪末 20 世纪初俄国工业生产的集中问题。[1] 博维金通过对比一些行业和生产部门中企业的平均产值，甚至根据产值数量对企业进行分类，确定某类企业在企业总数量，在某领域和生产部门的总产值中所占比例，来分析生产集中过程。他得出的结论是，在工业生产集中的第一阶段（19 世纪 90 年代）工业大规模增长的条件下，大规模生产取得了胜利，工业发展的整体水平明显提高，甚至是各领域工业生产的集中程度也在明显加强。在第二阶段（20 世纪初），在现有工业发展水平和工业生产集中水平基础上，大型公司的作用在逐渐增强。同时他还强调，与 80 年代相比生产集中的性质发生了根本改变，在某些领域，甚至是重要的工业领域，为数不多的大型企业明显高于俄国工业发展和工业生产集中的一般水平，因为当时俄国还是以小生产为主。[2] 19 世纪 20 世纪之交这种状况发生了根本改变，在各领域中企业的平均指标、最高指标，以及此类企业在每个领域和生产部门中的作用均有所提高。

根据附录 Ⅱ 中表格 1 的数据我们可以发现这一过程，因为表格 1 对一些重要指标进行了分析：某一领域内企业的平均工人数量、平均产值和平均动力装备率，以及某些领域内企业的平均指标（详见表 2 - 23）。[3]

正如表 2 - 23 所示，各部门的发展趋势无疑是提高小型部门的标准，逐渐减少部门数量，以中型部门为主导（工人为 50 ~ 100 人），同时形成并发展大型和超大型企业高度集中的三类部门。一些领域企业平均产值的变化情况表明，小型部门的最低标准在提高，部门数量在减少。两类中型部门（产值为 10 万 ~ 25 万卢布）的特点是部门数量在增加，尤其是 1908 年之前生产更加集约化，而且中型部门正在向大型部门转型。到 1908 年两类超大

---

① Бовыкин В. И. Зарождение финансового капитала в России. М., 1967; Его же. Концентрация промышленного производства в России в конце XIX - начале XX в. // Истор. записки. Т. 110. М., 1984.

② Бовыкин В. И. Концентрация промышленного производства... С. 192 - 193.

③ Первичная обработка данных проводилась В. В. Михеевым.

型的生产部门数量明显增加（产值超过 25 万卢布）。12 个生产部门中只有木材加工部门（Ⅶ）没能脱离自己原有的规模类别，而矿物质加工部门（Ⅸ）发展最为缓慢。

表 2 - 23　按企业平均规模对部门进行的分类

企业平均工人数量	部门		
	1895 年	1900 年	1908 年
30 人以内	X		
31 ~ 50 人	Ⅶ，Ⅺ	X，Ⅺ	X，Ⅺ
51 ~ 100 人	Ⅲ，Ⅴ，Ⅵ，Ⅷ，Ⅸ，Ⅻ	Ⅴ，Ⅵ，Ⅶ，Ⅸ，Ⅻ	Ⅴ，Ⅵ，Ⅶ，Ⅸ
101 ~ 250 人	Ⅱ，Ⅳ	Ⅱ，Ⅲ，Ⅷ	Ⅱ，Ⅲ，Ⅷ，Ⅻ
251 ~ 500 人	Ⅰ	Ⅳ	Ⅳ
500 人以上		Ⅰ	

企业平均产值（千卢布）	部门		
	1895 年	1900 年	1908 年
50 人以内	Ⅸ		
51 ~ 100 人	Ⅲ，Ⅴ，Ⅵ，Ⅶ，X，Ⅺ	Ⅴ，Ⅵ，Ⅶ，Ⅸ，X	Ⅶ，Ⅸ
101 ~ 150 人	Ⅱ，Ⅳ，Ⅷ，Ⅻ	Ⅱ，Ⅲ，Ⅺ	Ⅲ，Ⅴ，Ⅵ，X
151 ~ 250 人		Ⅳ，Ⅻ	Ⅱ，Ⅺ
251 ~ 500 人		Ⅻ	Ⅳ，Ⅷ，Ⅻ
500 人以上	Ⅰ	Ⅰ	Ⅰ

企业发动机平均功率（马力）	部门	
	1900 年	1908 年
30 以内	Ⅲ，Ⅴ，X，Ⅸ	Ⅲ Ⅸ X
31 ~ 50	Ⅳ，Ⅺ	Ⅴ，Ⅶ，Ⅺ
51 ~ 100	Ⅱ，Ⅳ，Ⅵ，Ⅷ，Ⅻ	Ⅱ，Ⅵ
100 ~ 200		Ⅳ
200 以上	Ⅰ	Ⅰ，Ⅷ，Ⅻ

　　根据企业的平均动力装备率指标，我们不仅可以清楚地认识小生产普遍存在的部门，还可以准确地考察广泛使用手工劳动的部门。当时发展最快的部门是金属加工和化学工业，中型生产部门的数量在急剧减少，到 1908 年只剩下羊毛加工业和造纸—印刷工业。分析所有的平均指标可以发现，只有

四个部门发展比较平衡：棉花加工、亚麻加工、金属加工和化学工业。这种状况还反映在部门类型上，晋级为中型部门的有：羊毛加工业、混合材料加工业和造纸工业。在附录Ⅱ表格1所收录的部门中，中型企业的数据表明，部门间企业平均规模相差较大，这说明小型、中型和大型企业的相互关系和作用是不同的。而且，正如表2-23所示，1908年之前，在集中化程度逐渐加强的同时，这些差异依然存在。

　　总之，使用工业普查资料和手册出版物，对俄国工业发展整体动态进行的研究表明，这些史料具有丰富的信息潜力，可以揭示这一阶段俄国工业的基本特征和趋势。普查信息有助于发现俄国工业潜力所发生的根本变化，有助于更加深入细致地研究某些工业领域、某些生产部门以及组成部分的发展动态。

第三章
20世纪初俄国工业区域分布和工业区

　　俄国各地区工业生产部门的分布状况是衡量工业发展的重要指标，因此需要找出工业集中区域，并揭示新工业区的形成过程。

　　研究俄国工业区域分布问题有一个惯例。革命前的文献在研究这一问题时以主要的经济区域为原则，首先考虑的是农业专业化和自然地理条件。谢梅诺夫－强－尚斯基的欧俄经济区域概况研究使用的就是这种划分方法。他将欧俄分成 12 个经济区：最北部地区、临湖地区、波罗的海沿岸地区、莫斯科工业区、中部农业区、乌拉尔地区、伏尔加河下游地区、小俄罗斯地区、新俄罗斯地区、西南地区、白俄罗斯地区、立陶宛地区。1898～1914年出版的多卷本《俄国地理》①，也在一定程度上使用了这一区域划分原则。该出版物包括交通道路、人口分布、职业特点、行业情况等信息。门捷列夫的《俄国工厂工业和商业基本概述》一书，是专门为 1893 年在芝加哥举办的世界哥伦比亚展览会准备并出版的。在该出版物中，他将俄国分成 14 个经济区：中部地区（或者说是莫斯科地区）、波罗的海地区（或

---

① Россия. Полное географическое описание нашего отечества. Под ред. В. П. Семенова и под общ. руководством П. П. Семенова и В. И. Ламанского. СПб. , 1898 – 1914. Издание не было завершено. См. также: Скворцов А. И. Хозяйственные районы Европейской России. Вып. 1. СПб. , 1914. В основе классификации лежали природные факторы; было выделено 34 района, объединивших соответствующие уезды губерний.

者说是圣彼得堡地区)、北部地区、东部地区、西伯利亚地区、中亚地区、高加索地区[1]、南部地区、西南地区、维斯瓦河沿岸地区（或者说是波兰地区）、西北地区、小俄罗斯地区、中部产粮区（或者说是黑土区）和芬兰地区。门捷列夫对每个经济区的工业状况都进行了描述，他认为其中4个经济区的工业最为发达。首先就是莫斯科地区，正如门捷列夫所述，"该地区一直拥有工业区的称号，因为这里很早就建立了多种加工工业"。用他的话说，这里是俄国经济生活中最重要的地区，多种手工业、农业、副业都很发达，人们向来拥有工商业头脑。乌拉尔的采矿工业和工厂工业较为发达。正如上文所述，南部地区工业发展迅速，门捷列夫特别强调南部地区与高加索地区相比拥有可观的工业前景。而维斯瓦河沿岸地区人口高度集中，工业水平与西欧发达国家比较接近，拥有的煤炭储量在关税保护条件下保证了19世纪最后十年俄国工业的高速发展，尤其是煤炭开采、各种冶金部门、棉花加工业和毛纺织工业最为发达。[2]

在1900年和1908年[3]工业普查资料出版物中，上述区域划分原则发生了一些变化。1900年划分为10个工业区，1908年划分成13个工业区：北部地区、东部地区[4]、波罗的海沿岸地区、中部工业区、中部黑土区－小俄罗斯地区、西北地区、西南地区、南部地区[5]、维斯瓦河沿岸地区、外高加索地区、突厥斯坦地区、西西伯利亚地区和东西伯利亚地区。普查资料出版物将工业地理分布原则与各省份某些领域和部门的数据结合在一起。上述划分方法有助于总结各主要行政单位的工业分布特点。

出版物在统计直接税和关税时分成15个区域：首都地区、北部地区、

---

① Фабрично-заводская промышленность и торговля России. СПб., 1893. С. 19–31.
② Там же. С. 19, 24, 28, 29.
③ Статистические сведения о фабриках и заводах по производствам, не обложенным акцизом, за 1900 год. СПб., 1903. Предисловие, С. II; Статистические сведения по обрабатывающей фабрично-заводской промышленности Российской империи за 1908 год. СПб., 1912. Введение, С. 8–9.
④ В 1908 г. в состав этого района была включена Уральская область.
⑤ В 1900 г. Дагестан не входил в обследование, а Черноморская губерния была отнесена к Кавказскому району вместе с Бакинской, Тифлисской, Кутаисской и Эриванской.

东部地区、中部工业区、中部黑土区、小俄罗斯地区、波罗的海沿岸地区、西北地区、西南地区、南部地区、北高加索地区、外高加索地区、维斯瓦河沿岸地区、中亚地区、西伯利亚地区。[①]

与区域划分原则并存的还有更正式的，可以说是纯行政的方法对有关生产部门和工厂企业的数据进行分组。在《工厂检查员报告汇总表》出版物中使用的就是此种划分方法。该出版物将欧俄地区的彼得堡省、莫斯科省、基辅省、伏尔加河沿岸省份和波兰省，武断地分成6个工业区。在上述省份分组过程中，中部工业区、圣彼得堡工业区和波罗的海工业区的界限是交叉在一起的，实际上没有划分南部地区。

在苏联经济史文献和回顾性的统计出版物中，也涉及俄国工业区域分布问题。用新方法解决工业区域划分问题的是《国民经济发展40年间俄国和苏联工业动态》[②] 出版物。通过整理革命前工业统计材料，《国民经济发展40年间俄国和苏联工业动态》一书的作者将1926年的苏联疆域划分成13个地区、10个分区、4个当时已经分离出去的区域。区域内部的省份构成参考了1926年的行政区划。

Ⅰ.北部地区（阿尔汉格尔斯克州、沃洛格达省、北德维纳省）。

Ⅱ.西北地区（列宁格勒州、奥洛涅茨省、诺夫哥罗德省、普斯科夫省）。

Ⅲ.中部工业区（特维尔省、莫斯科省、弗拉基米尔省、伊万诺沃－沃兹涅先斯克省、雅罗斯拉夫尔省、科斯特罗马省、下诺夫哥罗德省、卡卢加州、图拉省、梁赞省）。

Ⅳ.中部黑土区［奥廖尔州（不包括布良斯克省）、坦波夫省、奔萨州、库尔斯克省、沃罗涅日省］。

Ⅴ.西部地区。分区 A（斯摩棱斯克州、戈梅利州、布良斯克省）和白

---

① См., например: Статистика прямых налогов и пошлин. Государственный промысловый налог. Петроград, 1915.

② Динамика российской и советской промышленности в связи с развитием народного хозяйства за 40 лет. М.; Л., 1929 – 1930. Тогда же была издана монография: Вольф М. Б. Географическое размещение русской промышленности. М.; Л., 1927.

俄罗斯（明斯克州、莫吉廖夫州、维捷布斯克州）。

Ⅵ.北高加索和南部地区。分区 A（不包括察里津和顿涅茨克的顿斯科伊、库班地区、黑海地区、斯塔夫罗波尔、捷列克、达吉斯坦）和分区 B（克里木）。

Ⅶ.伏尔加河流域地区。分区 A（卡赞、辛比尔斯克、萨马拉、萨拉托夫）和分区 B（阿斯特拉罕、斯大林格勒、伏尔加河流域德国人自治州、克尔梅克人自治州）。

Ⅷ.乌拉尔地区（维亚特卡、彼尔姆、包括奥伦堡和乌拉尔斯克在内的乌菲姆、沃佳克人自治州、马里人自治州、楚瓦什人自治州、巴什基尔人自治州）。

Ⅸ.西西伯利亚地区。分区 A（托博尔斯克、托木斯克、伊尔库茨克、叶尼谢伊斯克）和分区 B（哈萨克斯坦、图尔盖州、塞米巴拉金斯克州、阿克莫林斯克）。

Ⅹ.东西伯利亚地区（外贝加尔地区、阿穆尔地区、滨海地区、雅库特地区）。

Ⅺ.乌克兰地区。分区 A（沃伦州、基辅省、波多利斯克、切尔尼戈夫区、波尔塔瓦州）和分区 B（敖德萨省、叶卡捷琳诺斯拉夫省、哈尔科夫省、顿涅茨克省）。

Ⅻ.外高加索地区（巴库、梯弗里斯、埃里温、库塔伊西、卡尔斯克、伊丽莎白波尔、巴统、扎卡塔雷、苏呼米）。

ⅩⅢ.突厥斯坦地区（里海东岸、撒马尔罕州、锡尔河州、谢米列钦州、费尔干纳州）。

分离出去的地区：

①波兰省

②立陶宛地区：维利亚、格罗德诺州、科夫诺

③波罗的海沿岸地区：利夫良季亚、库尔良季亚、埃斯特良季亚

④比萨拉比亚

上述区域划分方法的优点在于，可以更准确地判断某一地区工业面貌的

特点，以及 20 世纪初工业发展水平和动态等，有助于系统地研究新工业中心的产生过程。与 1926 年行政区域划分联系紧密的工业区域划分方法，其不足之处在于缺少各省的数据。的确，《国民经济发展 40 年间俄国和苏联工业动态》中的区域划分细节，包括分区的划分细节，在某种程度上有助于重新对材料进行分组。正如我们所看到的，两种工业分布区域划分方法，在工业区域数量和构成上是相似的。

利夫希察（P. C. Лившица）在作品中也对俄国工业区域分布问题进行了研究。① 在回顾历史过程中，她对革命前俄国工业区的建立过程进行了研究，将更为发达的工业区挑选了出来。她认为中部工业区、圣彼得堡工业区和南部采矿工业区更为发达。发展较快的工业区有波兰工业区、波罗的海沿岸工业区、乌克兰工业区、巴库和乌拉尔工业区，这些地区后来成为老工业中心，但在资本主义建立时期没有得到应有的发展。利夫希察认为，在改革后俄国向资本主义过渡时期只出现了一个新兴工业区——南部工业区。②

在历史文献中，虽然区域的视角已被广泛用于工业发展史和俄国无产阶级形成历史的研究，但有关工业区域分布问题从来没有学者进行过专门研究。③ 正

---

① Лившиц Р. С. Очерки по размещению промышленности СССР. М. , 1954；Лившиц Р. С. Размещение промышленности в дореволюционной России. М. , 1955.

② Лившиц Р. С. Размещение промышленности, C. 5 – 6, 143.

③ См. , например：Очерки экономического развития Дона. Ростов – на – Дону, 1960；Экономика Белоруссии в эпоху империализма. М. , 1963；Сумбатзаде А. С. Промышленность Азербайджана в XIX веке. Баку. , 1964；Очерки экономической истории Латвии. 1900 – 1917. Рига, 1968；Свешников Н. А. Экономика Сибири в период империализма. М. , 1975；Болбас М. Ф. Промышленность Белоруссии. 1860 – 1900. Минск, 1978；История промышленности и рабочего класса Чувашии. Г. 1. Чебоксары, 1978；Ортобаев Б. Х. Развитие промышленности и торговли в Северной Осетии в конце XIX – начале XX вв. Орджоникидзе, 1978；Шемяков Д. Е. Очерки экономической истории Бессарабии эпохи империализма. Кишинев, 1980；Клейн Н. Л. Экономическое развитие Поволжья в конце XIX – начале XX вв. Саратов, 1981；и др. Подробнее характеристику это литературы см. ：Воронкова С. В. Социально-экономические предпосылки Великой Октябрьской социалистической революции // Великий Октябрь и укрепление единства советского общества. М. , 1987. C. 28, 30, 35 – 40.

如作品名称所示，在苏联时期存在的国家 – 行政划分方法，准确地说是按民族分布划分工业区域的方法，是最基本的划分方法。当然，这是对之前划分方法的破坏。文献没有提到工业区的评价和认定问题。研究者们没有将工业分布问题与现有工业区域问题分开进行研究。研究者们查明了区域内工业部门的分布情况，并指出了它们的基本指标。资料丰富的作品一般会包含工业区域的各种清单和省份构成等内容。

多卷本《苏联史》的作者们是这样评价部门结构和某些区域发展特点的：生产高度集中的大型资本主义工业主要集中在俄国少数几个工业区——西北工业区（圣彼得堡和波罗的海沿岸）、南部工业区（顿巴斯、克里沃罗格、巴库）、中部工业区、波兰王国。欠发达和不发达的工业区主要有立陶宛、白俄罗斯及与其相邻的俄国省份、北部地区、伏尔加河沿岸地区、高加索和外高加索的大部分地区。在这些地区小资本主义生产部门和小生产部门雇用的工人数量明显多于工厂工人。这里最大的资本主义企业是火车车厢修理厂。[1] 在《工人阶级历史》[2] 中是这样划分工业区域的：西北地区（以圣彼得堡和里加为中心）、中部工业区（以莫斯科市和莫斯科省为中心，还有图拉省、雅罗斯拉夫尔省、伊万诺沃 – 沃兹涅先斯克）、包括南乌克兰和顿斯科伊军区在内的南部地区、乌拉尔地区、波兰地区、北高加索地区、白俄罗斯地区、外高加索地区、西伯利亚地区、远东地区、突厥斯坦地区。在现代文献中，在研究工厂无产阶级区域分布过程中，还尝试着研究工业区域划分问题。[3]

针对上述内容，需要强调的是，在判断俄国工业化程度和水平过程中，

---

[1]　История СССР. С древнейших времен до Великой Октябрьской социалистической революции. Т. VI. М., 1968. С. 18.

[2]　История рабочего класса СССР. Рабочий класс России. 1907 – февраль 1917 г. М., 1982. С. 44 – 47.

[3]　Васильев В. Н. Численность, состав, территориальное размещение фабрично-заводского пролетариата европейской части России и Закавказья в 1913 – 1914 годах // История СССР, 1980, N 2; Крузе Э. Э. Положение рабочего класса в России в 1900 – 1914 гг. Л., 1976; Угаров И. Ф. Численность и отраслевой состав пролетариата России в 1900 и 1908 гг. // Вопросы источниковедения первой русской революции. М., 1977.

一方面要研究俄国的工业区域分布，即工厂工业在新兴区域的推广问题；另一方面要研究一些地区工业的集中程度，它们在俄国工业潜力中的作用，在这些地区工业集中对整个社会经济面貌、居民生活方式产生的影响等问题。研究这些问题无疑是相互联系的，但是在分析材料和设定现象评价标准过程中也有自己专门的方法。研究工业分布问题首先要查明各个地区的工厂企业，同时还要考虑不同行业和生产部门的分布特点，以及一定区域内的工业集中化程度。为此我们需要大规模地研究区域问题，即相应的地理和历史区域、经济专业化区域。当时必须统计如省份这样的区域单位，因为这不仅有助于更详细地说明问题，而且有助于弄清工业分布特点，尤其是工业的集中特点。

研究工业区域划分问题，首先要挑选一些指标，通过这些指标对相关地区工业集中的重要性进行评价。在这些指标当中我们认为特别有意义的是一个地区生产规模的绝对指标，因为这些指标直接反映了工业发展规模。此外，能够反映一个地区在国家工业潜力中所发挥的作用的指标也很重要。如果说，工人的产量、工人劳动的动力装备率等指标是相对次要的，那么评价一个地区工业发展状况的指标则是必须考虑和分析的。研究工业地区划分问题，需要划分比研究工业分布问题更为独立的区域（一些省份，某个省份，城市，一些县，某个县）。同时，工业区的界线可以不与自然－气候区域的界线、原料区域的界线、行政－民族区域的界线相吻合。

选择史料是非常重要的。研究工业分布和工业区域划分问题要求使用统一的汇编材料，使用同类材料有助于研究不同区域的工业化进程，使用统一的数据可以对一些地区的工业发展水平和特点进行比较。所有这些都取决于挑选材料的质量，主要的材料是 1900 年、1908 年、1910～1912 年、1918 年的工业普查资料，以及《国民经济发展 40 年间俄国和苏联工业动态》一书。工业企业统计的不完整、调查目标和范围存在的差异，都会导致原始材料具有不同特点。这些特点又会导致有关全国、一些省份和部门的数据与总数据之间存在不一致的地方。当然，材料的误差并不大，因为数据一般会揭示工业发展的整体趋势，而且我们分析的多是相对的指标（包括百分比），绝对指标的偏差表现得并不明显。

俄国工业分布严重失衡，主要集中在欧俄地区，加工工业的分布也呈现这一趋势（详见表3−1，以及附录Ⅱ中的表2）。为了获得更完整、更具代表性的数据，我们需要使用1908年的工业普查资料，因为它对整个俄国的加工工业进行了调查。统计数据（总数中不包括巴库的石油行业数据，以及突厥斯坦和西伯利亚的工业数据）表明，在欧俄地区，加工工业企业占93%，年产值占92%，工人数量占96%。

研究各省份加工工业部门的分布情况可以发现，它们的分布是不均衡的。纺织工业所有部门、化学生产部门和发电部门只分布在几个地区，实际上，只有食品工业在俄国各个地区均有分布。分布较广的是金属加工业、矿物质加工业、畜产品加工业、木材加工业、造纸和印刷工业。当时很多部门只是集中在为数不多的地区，甚至是某些省份。正如附录Ⅱ中表2所示，棉花加工业主要分布在莫斯科省和弗拉基米尔省。莫斯科省还是毛纺工业、丝织品加工业、混纺工业、矿物质加工业、化学生产等部门的中心。彼得堡省以造纸印刷工业、畜产品加工业和发电行业为主。彼得堡省和叶卡捷琳诺斯拉夫省是金属加工业的重要中心，彼得堡省和利夫良季亚省是化学工业中心，弗拉基米尔省是亚麻加工中心。彼得罗科夫省（波兰）以羊毛加工业为主，彼得罗科夫省和华沙以纤维材料加工部门为主，而食品加工业生产部门则没有那么集中。

在行业内部，一些生产部门的分布也不均衡。一些省份虽然工业整体发展水平不高，却是某些生产部门的重要中心。例如，费尔干纳州轧棉企业产值占俄国轧棉总产值的85%；阿尔汉格尔斯克省制材部门和锯多层板部门产值占全俄总产值的22.5%；阿斯特拉罕省制木桶和箍桶部门产值占全俄总产值的61%。黑海省、萨拉托夫省和顿斯科伊省是水泥生产中心（分别占全俄总产值的18.5%、11.4%和10.8%）。伊丽莎白波尔省是丝织品生产行业的三大中心之一，占总产值的6.5%。在食品加工业中，一些生产部门的集中化程度更高。例如，磨面部门在俄国分布广泛，1908年大型的磨面中心主要是萨拉托夫省（占19.2%）、顿斯科伊省（占7.3%）、叶卡捷琳

表3-1 1908年各省份和地区加工工业部门的分布情况

领域	拥有该行业的省份的数量	主要省份的产值数量*	工业区域和中心在部门产值中所占比例(%)**								
			中部工业区和莫斯科地区	莫斯科中心地区	圣彼得堡地区	南部地区	波兰地区	波罗的海沿岸地区	乌拉尔地区	西南地区	伏尔加河流域地区
I	39	11	66.2	27.7	8.5		13.0				
II	52	8	30.0	29.0			41.3				
III	14	7	78.9	74.1			10.4				
IV	41	9	49.5		7.5		18.2	7.2			
V	31	5	34.6	34.6	9.7		39.7	15.7			
VI	71	10	15.2	12.1	24.7		11.6	9.3			
VII	79	9			9.7		7.6				6.4
VIII	81	14	14.9	8.3	18.5	23.1	11.6	5.0	8.5		
IX	80	17	19.6	8.7	7.0	13.0	9.2	5.2			
X	80	12	17.4	15.5	18.4	6.7	33.0		7.2		7.9
XIA	86	23	11.4			22.6				6.7	16.3
XIB	88	23	6.5		6.3	12.0			11.4	25.4	
XII	66	11	14.8	13.2	29.3	4.8			5.0		
XIII	29	5	17.4		30.4	11.6		20.0		8.7	

* 指产量超过平均值的一些主要生产省份。

** 上述地区比例均超过5%。在其他地区中突厥斯坦的棉花加工业较为集中(占6%),外高加索的丝织品加工业和发电量比例较高(分别占6.5%和13%),北部地区的木材加工业较为集中(占15.3%),中部黑土区的食品工业较为集中(占6.7%)。

诺斯拉夫省（占 7%）、萨马拉省（占 6%）、下诺夫哥罗德省（占 6%）和赫尔松省（占 5.8%）。

采矿工业在一定程度上也存在生产部门分布不均衡，以及生产部门高度集中在几个甚至一个区域内的现象。这不仅与可利用的矿产资源存在自然分布上的不均衡性有关，而且与限制在新地区开采资源的政策垄断有关。只有煤炭工业分布在欧俄大部分地区，甚至在西伯利亚和突厥斯坦也有分布。即便如此，1912 年煤炭工业大部分产值依然集中在南部地区（占 45.3%）、北高加索地区（占 39.8%）和波兰地区（占 14%）。采矿工业主要集中在四个区域，这些区域在采掘部门的产值和开采规模上都占有重要地位，而且它们都分布在欧俄地区。乌拉尔属于老工业区，该地区金箔生产部门的产值占全国的 32.4%，铁矿占 22.6%，盐工业占 27.5%，铜矿开采量占 57.6%。这里实际上完全集中了全国的黄铁矿和石棉的开采。在采掘工业的新区域当中，生产高度集中的是南部地区，这里的焦炭产量占全国的 70.5%，铁矿石占 70.7%，锰工业占 26.7%。这一特点也表现在外高加索地区，这里集中了全国石油开采量的 84%、锰开采量的 69.1%、铜矿开采量的 35%。北高加索地区在采掘工业中的地位非常稳固，这里的石油开采工业产值占 13.1%，焦炭产值占 29.5%。在欧俄地区，泥炭工业非常集中，而且主要集中在中部工业区（占 85.8%）；制盐工业除了集中在乌拉尔，在伏尔加河流域（22.4%）和西南地区（39%）也较为集中。在俄国的亚洲部分，只有东西伯利亚地区生产集中程度较高，金箔工业产值占全国的 57.1%。

在研究工业分布和判断工业区发展水平的过程中，我们遵循下列原则。作为基本单位，工业区应该在某些地区形成工业综合体，突破省份限制；同时应该评价具体省份在俄国工业生产中的作用、省内的无产阶级数量，进而判断某个省份的工业发展水平。当然，一个地区内各省的工业部门定位、企业的规模（小型、中型和大型）和省内工业分布特点（城市工业中心和城外工业中心）也是很重要的特征。另外，还要考虑工业区域形成的历史传统，以及改革后工业区域发展特点等因素。

解决俄国工业区域划分问题最初使用的方法是，借用 1900 年普查资料中有关各省工业指标结果的编排经验。这种方法有助于发现各地区、各省份工业发展的不均衡性。工业普查对除波兰之外的欧俄各省都进行了统计。统计的指标包括：企业数量，生产总值，订货来款，企业中男女工人数量，企业中工人总数量，某一地区工人数量，企业平均工人数量，蒸汽机和电动机的数量和功率，俄国和外国生产设备的价值，设备总价值，购买原料和燃料的开支，工资开支，单个地区支付实物的开支，总工资，购买原料、燃料、支付工资的总开支。在通过统计结果调查欧俄地区各省工业发展情况时，不能将小生产部门的资料排除在外，因为在小企业分布较为广泛的一些省份，只有涵盖这些资料结果才更真实，情况才更客观。在统计有关发动机数量和功率的数据时，考虑的只是蒸汽机和电动机的数据，将它们作为最典型的工业动力装备率要素。其他的动力类型（风力和马力等），虽然使用的动力数量明显增加，但总的动力设备几乎是不变的，很难评价其发展水平。

统计表明，各省份工业生产部门的规模相差很大。这样的统计结果有助于我们按照工业生产指标对省份进行分组。主要的分组指标有 5 项：产值、工人数量、发动机功率、设备价值、燃料开支。每一项指标都有规定的范围（详见表 3－2）。

这些省份被分到哪一组取决于该省的绝大多数指标在哪组范围内。各省分组结果如下。

第 I 组包括 3 个省：莫斯科省、彼得堡省、弗拉基米尔省。

表 3－2　省份分组过程中的生产指标范围

分组	产值（百万卢布）	工人数量（千人）	发动机功率（千马力）	设备价值（百万卢布）	燃料开支（百万卢布）
I	超过 180	超过 100	超过 50	超过 90	超过 7.5
II	85～30	60～24	35～15	34～14	5～1.6
III	25～19	20～13.5	10～5.5	13.5～6	1.6～0.9
IV	17.4～10	13.5～8.7	5.5～4	5～3.6	0.8～0.5
V	10～2.5	8～2.5	3.5～0.8	3.5～0.5	0.5～0.008
VI	低于 2	低于 2.5	低于 0.8	低于 0.5	低于 0.008

第Ⅱ组包括7个省：利夫良季亚省、下诺夫哥罗德省、科斯特罗马省、雅罗斯拉夫尔省、特维尔省、赫尔松省、叶卡捷琳诺斯拉夫省。

第Ⅲ组包括8个省：哈尔科夫省、库尔良季亚省、爱斯特兰省、萨拉托夫省、梁赞省、基辅省、顿斯科伊省、彼尔姆省。

第Ⅳ组包括12个省：诺夫哥罗德省、格罗德诺省、卡卢加省、喀山省、辛比尔斯克省、奥廖尔省、图拉省、坦波夫省、斯摩棱斯克省、波尔塔瓦省、萨马拉省、维亚特卡省。

第Ⅴ组包括24个省：维列伊卡省、阿尔汉格尔斯克省、塔夫利达省、奥伦堡省、库班省、巴库省、库尔斯克省、切尔尼戈夫省、奔萨省、沃伦省、阿斯特拉罕省、科文省、明斯克省、维捷布斯克省、莫吉廖夫省、波多利斯克省、比萨拉比亚省、梯弗里斯省、沃洛格达省、普斯科夫省、沃罗涅日省、乌法省、黑海省、库塔伊西省。

第Ⅵ组包括3个省：奥洛涅茨省、埃里温省、伊丽莎白波尔省。这些省份的工业生产主要指标详见表3-3。

表3-3 各组省份的工业生产指标（数据源于1900年普查资料）

	企业数量		产值		工人数量	
	绝对数（个）	%	绝对数（千卢布）	%	绝对数（人）	%
Ⅰ组（3个省）	2493	23.0	784193	45.9	540975	47.2
Ⅱ组（7个省）	2019	19.0	367136	21.5	243062	21.2
Ⅲ组（8个省）	1430	13.4	210293	12.3	117856	10.2
Ⅳ组（12个省）	1956	18.3	167776	10.0	123710	11.0
30个省的总数		74.0		89.7		89.6
Ⅴ组（24个省）	2667	25.0	173137	10.1	115214	10.0
Ⅵ组（3个省）	105	1.0	3968	0.2	4364	0.4
所有57个省	10670	100	1706503	100	1145181	100
	发动机功率		设备价值		燃料开支	
	绝对数（马力）	%	绝对数（千卢布）	%	绝对数（千卢布）	%
Ⅰ组（3个省）	279574	42.83	284482	48.0	39024	45.8
Ⅱ组（7个省）	165939	25.40	127457	21.5	18894	22.0

续表

	发动机功率		设备价值		燃料开支	
	绝对数（马力）	%	绝对数（千卢布）	%	绝对数（千卢布）	%
Ⅲ组（8个省）	84892	13.00	77508	13.1	11081	13.0
Ⅳ组（12个省）	60736	9.30	54928	9.3	8473	10.0
30个省的总数		90.53		91.9		90.8
Ⅴ组（24个省）	61001	9.40	47608	8.0	7566	9.0
Ⅵ组（3个省）	484	0.07	799	0.1	109	0.2
所有57个省	652626	100	592782	100	85147	100

可以发现，Ⅰ组和Ⅱ组、Ⅱ组和Ⅲ组之间的界线还是很明显的，其他几组的某些指标之间的界线并不十分明确。通过分组可以看出，工业生产部门主要集中在为数不多的省份。莫斯科省、彼得堡省和弗拉基米尔省占俄国工业生产总值、工人总数量、发动机功率、设备价值和燃料开支的一半左右。绝大多数的生产部门（90%以上）集中在Ⅰ～Ⅳ组的30个省份，这些省份的工业发展非常强劲。第Ⅴ组中的24个省份只占工业产量和生产能力的10%左右，这些省份的工业发展非常缓慢。第Ⅵ组的3个省份的工业发展不明显。

如果说在1908年普查资料中，有关俄国所有省份加工工业的数据多是同类的，那么分析这些统计结果可以发现，大部分工业生产部门和无产阶级集中在欧俄75个省份中的21个省：莫斯科省、彼得堡省、弗拉基米尔省、科斯特罗马省、特维尔省、雅罗斯拉夫尔省、下诺夫哥罗德省、利夫良季亚省、爱斯特兰省、彼尔姆省、维亚特卡省、叶卡捷琳诺斯拉夫省、彼得罗夫斯克省、华沙省、赫尔松省、哈尔科夫省、顿斯科伊州、基辅省、波多利斯克省、萨拉托夫省、巴库省。这些省份产值占75%，在整个加工工业中无产阶级占75%。

上述21个省份中的任何一个产值都超过了俄国的平均水平，平均每个省的产值为5200万卢布。费尔干纳州的产值指标很高，6452名工人创造了6150万卢布产值。工人超过500人的企业在各省工人总数量中所占比例很高。其中

莫斯科省占工人的 69%，彼得堡省占 60%，弗拉基米尔省占 82%，科斯特罗
马省占 83，特维尔省占 78%，雅罗斯拉夫尔省占 62.5%，下诺夫哥罗德省占
60.6%，利夫良季亚省占 48%，爱斯特兰省占 68%，彼尔姆省占 78.2%，维
亚特卡省占 56%，叶卡捷琳诺斯拉夫省占 73%，赫尔松省占 35%，哈尔科夫
省占 55.5%，顿斯科伊州占 51%，基辅省占 44.5%，波多利斯克省占
37.3%，萨拉托夫省占 34.4%，巴库省占 47.2%。

下一组省份工人数量较多（1 万 ~ 2 万人），但产值相对不高（2000 万 ~
5000 万卢布）。该组包括 22 个省：梁赞省、图拉省、卡卢加省、塔夫利达
省、波尔塔瓦省、切尔尼戈夫省、沃伦省、库尔良季亚省、喀山省、奥伦堡
省、辛比尔斯克省、乌法省、库尔斯克省、坦波夫省、奥廖尔省、沃罗涅日
省、奔萨省、格罗德诺省、斯摩棱斯克省、阿尔汉格尔斯克省、诺夫哥罗德
省、萨马拉省。

在工业区形成过程中，上述两组省份是最重要的，它们决定了工业面貌
和特征。

省份分组是以绝对指标的统计为基础的，首先考虑的是工业生产规模。
当然，也需要调查相关的相对指标：区域内企业的平均规模、工人的动力装备
率、工人的产量等。此外，还要使用准确的方法评价这些指标，对指标进行综
合分析。科瓦利琴科（И. Д. Ковальченко）和鲍罗德金（Л. И. Бородкин）
正是基于上述原则，根据 1900 年工业普查数据划定了欧俄省份的工业
类型。[①] 通过分组分析他们将其分成 8 组省份。

第 I 组：乌法省、彼尔姆省、图拉省、阿斯特拉罕省、维林省。

第 II 组：沃伦省、明斯克省、维捷布斯克省、科文省、格罗德诺省、莫
吉廖夫省。

第 III 组：基辅省、哈尔科夫省、梁赞省、诺夫哥罗德省、卡卢加省、沃

[①] Бородкин Л. И., Ковальченко И. Д. Промышленная типология губерний Европейской
России на рубеже XIX – XX вв. (Опыт многомерного количественного анализа) //
Математические методы в социально-экономических и археологических исследованиях.
М., 1981.

洛格达省。

第Ⅳ组：奥廖尔省、切尔尼戈夫省、坦波夫省、斯摩棱斯克省、辛比尔斯克省、喀山省、维亚特卡省。

第Ⅴ组：普斯科夫省、奥洛涅茨省、奔萨省、下诺夫哥罗德省。

第Ⅵ组：顿斯科伊省、赫尔松省、塔夫利达省、库尔良季亚省、萨马拉省、库尔斯克省、波多利斯克省。

第Ⅶ组：萨拉托夫省、奥伦堡省、波尔塔瓦省、比萨拉比亚省。

第Ⅷ组：莫斯科省、彼得堡省、利夫良季亚省、叶卡捷琳诺斯拉夫省、科斯特罗马省、特维尔省、雅罗斯拉夫尔省、弗拉基米尔省、埃斯特良季亚省。

研究者们对可以代表各省工业结构和发展水平的工业生产平均指标进行了要素分析，并得出了如下结论。第Ⅰ～Ⅴ组省份的工业面貌决定了它们的发展水平明显低于平均水平；第Ⅵ组省份接近于平均水平；第Ⅶ组和第Ⅷ组省份发展水平很高，尤其是由9个省份组成的第Ⅷ组与上述几组明显不同。这些结论还有详细的注解，包括将彼尔姆省、基辅省、哈尔科夫省、下诺夫哥罗德省认定为工业发展缓慢的省份，将顿斯科伊省和赫尔松省认定为平均水平，而奥伦堡省、波尔塔瓦省和比萨拉比亚省被认定为工业发达省份是存在争议的。

之所以出现上述观点，是因为在处理材料时必须考虑信息的内容和特点，而且将每个省作为俄国工业体系中固定的区域单位进行研究这一方法尚不成熟。有关第一个结论应该注意的是，在工业发展缓慢的省份，列入普查资料汇总表的一般只是为数不多的具有轻工业工厂特征的企业。此外，在这些地区发展较晚的工厂生产部门，常常与这些省份个别企业的先进技术和动力设备有关。在老工业区这类企业很常见，但是在大量企业的汇总表中并没有看到这些企业。例如，在1900年普查过程中，比萨拉比亚省共统计出170家企业，其中140家企业属于食品加工业，正是这些企业决定了该省的生产水平。这些企业的平均值如下：企业平均年产值2.76万卢布，工人平均为8人，工人平均创造产值3300卢布。在下诺夫哥罗德省登记的企业有

446家，只有35家属于食品加工业，平均每个企业有60名工人，年产值50万卢布，工人平均创造产值8200卢布。在一些新工业区，有经验的技术人员明显不足，每个企业的工人数量很少。但结果是，新工业区的工业技术装备程度和生产强度都很高。

表 3 - 4　地区平均指标

| 地区和省份 | 1908 年加工工业 | | |
| | 企业平均规模 | | |
	产值（千卢布）	工人数量（人）	工人创造的平均产值（千卢布）
整个俄国	230.9	109	2.1
中部工业区	397.8	235	1.7
莫斯科省	460.6	243	1.9
圣彼得堡市	438.7	175	2.5
彼得堡省	545.0	202	2.7
南部地区	308.0	111	2.7
波兰地区	165.0	85	1.9
乌拉尔地区	215.8	169	1.3
西南地区	156.2	70	2.2
波罗的海沿岸地区	211.0	83	2.5
外高加索地区	331.8	89	3.7
不包括巴库省	55.1	53	1.0
巴库省	504.6	113	4.5
伏尔加河地区	204.7	75	2.7
北高加索地区	235.0	39	6.1
中部黑土区	190.0	88	2.1
西部地区	54.5	31	1.7
北部地区	211.0	151	1.5
西西伯利亚地区	156.0	44	3.5
东西伯利亚地区	92.0	32	2.8
突厥斯坦地区	203.0	31	6.5

在绝大多数工业发展落后的省份，工业中心数量一般也较少，而且其行业范围也不够广泛。因此我们所得到的结果，反映更多的是某些生产部门的发展水平，而不是该省的工业面貌。当时工业发展处于中高水平的省份都存在多部门的工业结构，包括各类型的生产部门，这种情景是很复杂的，发展相对落后的省份根本无法与其相比。在下诺夫哥罗德省几乎所有的工业部门规模都很大，包括生产部门非常复杂的金属加工业（102 家企业）和畜产品加工业（189 家企业）。我们发现，在比萨拉比亚省登记的上述两类企业分别只有 6 家和 1 家。正因如此，在生产部门体系中处于中等水平的省份经常被划归到工业发展落后省份。为了将省份作为工业体系中固定的单位进行研究，需要该省工业生产规模达到一定水平，即该省的绝对指标首先应该引起人们的注意。

基于现有数据可以将 20 世纪俄国工厂工业划分为如下地区：中部工业区、圣彼得堡地区、南部地区、西南地区、波罗的海沿岸地区、伏尔加河流域地区、乌拉尔地区、中部黑土区、西部地区、外高加索地区、北高加索地区、北部地区、波兰地区、西西伯利亚地区、东西伯利亚地区、突厥斯坦地区。表 3－5 的数据不仅表明加工工业在欧俄地区分布广泛，而且证明在一些地区工业发展非常集中。而西部地区、北高加索地区和北部地区工业产值相对较低，生产部门和无产阶级的分布相对不够集中。这种情况在整个外高加索地区也存在，只有巴库工业中心除外。可以看出，中部黑土区的工业生产指标较高，但该地区的所有省份都被划入了第 II 组。而欧俄部分的其他 8 个地区——中部工业区、圣彼得堡地区、南部地区、西南地区、波罗的海沿岸地区、乌拉尔地区、伏尔加河流域地区、波兰地区，工业生产规模非常大，无产阶级人数很多。另外，从这些地区的省份构成可以看出，工业发展缓慢的省份很少。发展相对缓慢的省份主要有西南地区的比萨拉比亚省、伏尔加河流域地区的阿斯特拉罕省、乌拉尔地区的乌拉尔州。波兰地区是个特例，该地区 10 个省份中生产规模较大的省份只有 2 个（彼得罗科夫省和华沙省）。这一切都说明欧俄部分工业化程度很高。在这 8 个地区中，加工工业主要分布在中部工业区、圣彼得堡地区、南部地区和波兰地区。正如表3-5所示，莫斯科工业中心具有特别重要的意义。

表3-5 各工业区域和中心的工业生产比例（根据加工工业资料整理）*

单位：%

区域中心	1900 年		1908 年 ***	
	产值比例	工人数量比例	产值比例	工人数量比例
中部工业区	33.6	39.0	27.6	34.4
莫斯科中心	16.0	16.7	13.0	14.5
圣彼得堡地区	10.2	8.4	10.0	7.7
南部地区	9.2	7.4	11.2	8.6
波兰地区	14.5	13.6	11.4	12.4
西南地区	7.5	8.8	7.5	7.2
波罗的海沿岸地区	6.0	4.8	5.4	4.5
伏尔加河流域地区	6.3	4.7	5.6	4.2
乌拉尔地区 **	2.0	2.0	3.6	6.8
中部黑土区	4.1	4.4	4.0	3.9
西部地区	3.1	3.5	2.6	3.2
外高加索地区	1.0	0.8	5.2	2.9
巴库中心	0.4	0.3	4.8	2.3
北高加索地区	1.0	0.4	1.3	0.5
北部地区	1.5	2.2	1.2	2.0
西西伯利亚地区	—	—	1.1	0.7
东西伯利亚地区	—	—	0.6	0.5
突厥斯坦地区	—	—	1.7	0.5

* 表格以1900年和1908年工业普查数据为基础。1900年的指标包括需要缴纳消费税的生产部门的数据。绝对指标的计算参见《19世纪20世纪之交的俄国工业》，莫斯科，1992，第62~65页。

** 乌拉尔地区还包括乌拉尔州、外高加索—巴统省、伊丽莎白波尔省、埃里温省、库塔伊西省、喀拉州、扎卡塔雷地区、北普斯科夫州、奥洛涅茨州、西西伯利亚—阿克莫林斯克州、谢米帕拉金斯克州、图尔盖州、东西伯利亚—阿穆尔州、叶尼塞州、外贝加尔州、伊尔库茨克州、滨海边疆区、雅库特州、突厥斯坦—里海以东地区、撒马尔罕州、谢米列奇耶州、锡尔河州。

*** 1908年欧俄地区的指标有所下降，这主要是因为1900年数据统计的只是欧俄地区，而1908年统计的是加工工业所有生产部门的更为完整的清单。

为了获得有关主要工业区的更准确的报告，必须对加工工业和采矿工业的数据进行综合分析，甚至研究这些地区的发展动态。同时还要分析《俄国和苏联工业动态》资料，该资料包含必要的数据汇总表，而且按地区进行了分类，这些表格是1926年编制而成的。笔者认为可以使用这些附带相关说明的数据（详见表3-6和附件Ⅲ）。表3-5中的数据，圣彼得堡地区只包括彼得堡省，而表3-6中的数据，圣彼得堡地区还包括奥洛涅茨省、诺夫哥罗德省和普斯科夫省。然而由于它们对工业潜力不够重视，因此实际情况并未改变。明显将这些地区排除在外的是北部地区的指标。西部地区所占比例有所提高，而中部黑土区有所下降，这是因为布良斯克州的数据从中部黑土转移到了西部地区。北高加索地区比例的提高，主要是因为将该地区的采矿工业统计了进来，同时也与顿斯科伊州划归该地区有关，虽然它并没有脱离顿涅茨克和斯大林格勒地区。

表3-6 1908年俄国工业分布的主要区域及其指标

区域	加工工业和采矿工业所占比例（%）		1908年比1900年产值增长百分比（%）
	产值	工人数量	
中部工业区	26.2	30.6	50.0
圣彼得堡地区	9.8	7.3	53.0
南部地区	11.0	10.3	47.0
波兰地区	11.2	12.3	39.6
乌拉尔地区	4.8	8.3	50.0
西南地区	7.0	6.2	62.5
波罗的海沿岸地区	5.1	4.0	73.0
外高加索地区	5.0	2.5	9.6
伏尔加河流域地区	4.6	3.0	70.0
北高加索地区	4.0	3.8	90.6
中部黑土区	3.5	3.0	77.0
西部地区	2.9	3.7	28.0
北部地区	0.6	0.9	85.0

续表

区域	加工工业和采矿工业所占比例(%)		1908 年比 1900 年 产值增长百分比(%)
	产值	工人数量	
欧俄地区	95.7	96.4	—
西西伯利亚地区	1.7	1.5	314.0
东西伯利亚地区	1.0	1.6	54.0
突厥斯坦地区	1.6	0.5	544.0

表 3-6 中的资料证明了之前分析加工工业数据得出的结果,而且在某些方面更为准确。首先,进一步地证明了乌拉尔地区在俄国工业潜力中的关键性作用;其次,还对中部工业区、圣彼得堡地区、南部地区和波兰地区的地位做出了评价,认为它们不仅是主要的工业分布区域,而且是起主导作用的工业区。

中部工业区是俄国大型工业区,该区占欧俄地区面积的8%,占欧俄人口的12%以上,该区范围内工厂的工业产量占全俄的1/4以上,无产阶级人数占1/3。20世纪初,该工业区主要由6个省份组成:莫斯科省、弗拉基米尔省、科斯特罗马省、下诺夫哥罗德省、特维尔省、雅罗斯拉夫尔省。这些省份的工业生产绝对规模很大,工业中心较多,且涉及多个工业领域和生产部门。

中部工业区的工业分布特点是拥有多个工厂中心,即在多个城市和农村都有大型的工业中心。[1] 第一次世界大战期间,这些地区获得了长足发展。1918 年的普查数据显示,1917 年中部工业区的无产阶级人数超过了 100 万,总产值增长了 34%。同时应该注意的是,下诺夫哥罗德省的工业生产发展迅猛,工人数量增长很快(分别增长 43% 和 65%),图拉省增长更快(增长了 1 倍),已经达到了该区 6 个主要省份的工业生产绝对指标。[2] 正因如

---

[1] Водарский Я. Е. Промышленные селения Центральной России в период генезиса и развития капитализма. М., 1972.

[2] Центрально-промышленная область. Сб. статистических сведений. М., 1925. С. 326 – 327.

此，1917 年之后的大部分文献将图拉省列入中部工业区。然而这只适用于革命前，因为革命前图拉省的所有要素都符合中部黑土区的特征。

中部工业区的工业面貌还有一个特点，即在该区的 9 个省份都分布着手工业。30 个著名的手工业区域中有 15 个分布在中部工业区：布尔马林锻造区域，罗斯托夫淀粉糖浆和羊皮裘生产区域（在雅罗斯拉夫尔省），卡拉斯诺谢里首饰加工区域（在科斯特罗马省），基姆雷制鞋区域，卡利亚金毡靴生产和奥斯塔什科夫织网区域（在特维尔省），维亚兹尼科夫圣像生产区域（在弗拉基米尔省），谢尔吉耶夫玩具生产区域，切尔基佐夫细木工区域，兹维尼哥罗德细木工—车工区域，博哥罗德织布区域（在莫斯科省），穆拉什基羊皮裘加工区域，帕夫洛夫钢钳工区域，谢梅诺夫制勺和织网区域（在下诺夫哥罗德省），米哈伊洛夫花边、裁缝、织网区域（在梁赞省），金属制品区域（在图拉省）。[1] 在中部工业区从事小工业和手工业的工人数量超过 70 万，他们在工人总数量中所占的比例较高（44.6%）。同时还有一个特点，即在该地区的大型工业中心（莫斯科、伊万诺沃—沃兹涅先斯克），虽然在手工业和未注册的工业中工人数量所占比例有所降低（两个中心分别为 31.4% 和 41.1%），但是绝对数量依然很大，分别为 20.09 万人和 10.35 万人。[2]

在 20 世纪初，中部工业区的冶金和金属加工业发展很快，化学生产也在增长。正因如此，1908 年中部工业区的金属加工业和化学工业几乎占全国总产值的 15%。在冶金生产部门钢的合成熔炼全部集中在这里，尤其是在第一次世界大战期间该地区的行业结构发生了根本性变化。[3] 例如，根据 1918 年的普查资料，中部工业区的 6 个省份占金属加工和机器制造业工人总数量的 53.3%（彼得格勒中心占 32.8%），在化学工业中这一指标分别为

---

[1] Атлас промышленности СССР. Вып. 2. Мелкая и кустарно-ремесленная промышленность. М.；Л.，1930. С. 34. См. также: Тарновский К. Н. Кустарная промышленность и царизм (1907 – 1914 гг.) //Вопросы истории, 1986, X 7, С. 34.

[2] Атлас промышленности СССР. Вып. 1. Цензовая промышленность. М.；Л.，1929. С. 56.

[3] Вольф М. Б. Географическое размещение русской промышленности. М.；Л.，1927. С. 33.

13.7% 和 29.1%。

我们认为有必要将彼得堡省划分成单独的地区，因为将其划入任何一个地区都会特别引人注目，它会将整个地区的发展特点掩盖。该地区工业生产高度集中，不仅拥有复杂的行业结构（参见表 3-1），而且无产阶级也非常集中。该地区的特点是工业实际上只分布在圣彼得堡。圣彼得堡的企业数量占该地区企业总数量的 80% 以上。彼得堡县、施吕瑟尔堡县、皇村和扬堡县的工业发展具有更重要意义。一些化学企业（占 4.3%）、食品企业（占 17.1%）和印刷企业（7.7%）分布在首都之外。在这些县，木材加工（占省内该行业的 57%）和矿物质加工（占 86%）部门分布也很广泛。因为存在上述现象，《苏联工业地图册》的编者们也提到过圣彼得堡地区的这一特点（外高加索地区的巴库工业中心也表现出这一特点）：由于工业多集中在人口稠密的城市，因此圣彼得堡和巴库"具有岛屿性质。这两个工业发源地只是将人口吸引到了工业中心，并没有明显地带动农业发展，也没有促进人口向附近地区集中"。[1]

中部工业区和圣彼得堡地区的特点是，大型和超大型企业高度集中，而且企业的平均生产指标很高。莫斯科省和彼得堡省的企业规模非常大（详见表 3-4）。莫斯科和圣彼得堡在企业产值和工人数量上的差异在于，莫斯科省中小型企业更多一些。正如洛巴诺娃的统计数据所示，1914 年在中部工业区的所有省份和彼得堡省，大型和超大型企业（工人在 500 人以上，产值超过 100 万卢布）在总产值（71%～88%）和工人总数量（67%～87%）上都占主导地位，而且多数省份在企业数量上占很高比重（10%～20%）。

南部工业区最初只是采矿工业中心。20 世纪初，随着工业区内各省的金属加工业、化学生产、矿物质加工、畜产品加工，以及食品工业各部门的发展，工业面貌发生了根本变化。这种状况决定了加工工业和采掘工业在该地区总产值和工人总数量中的相互关系。在该地区的各省份中，只有塔

---

① Атлас промышленности СССР. Вып. 1. С. 12.

夫利达省的加工工业地位相对较低，该省占金属加工业总产值的 23.1%，矿物质加工业的 13%，化学工业的 8.7%。南部地区在俄国食品工业总产值中所占比例很高，为 34.6%。该地区在电力发展中的作用也很大，占 11.6%。该地区加工工业各部门的发展，不仅保持而且加强了采矿工业的地位。1900 年和 1912 年该地区采矿工业在总产值中所占比例分别为 12.3% 和 21.5%，采矿工业产值的提高证明了上述论断。同时，在 1912 年采掘工业中的工人数量占南部地区工人总数量的 38.2%。1912 年，在南部地区采掘工业部门体系中，采煤业（占总产值的 45.3%）、焦炭生产（占 70.5%）、铁矿石开采业（70.7%）也占有重要地位。南部地区加工工业和采掘工业的分布特点是，随着铁路网的逐渐扩大，城市之外的工业中心数量明显增多。

在调查主要工业区的过程中，采矿工业数据的收录彻底改变了对乌拉尔在俄国工业生产体系中的地位和作用的评价，尤其是乌拉尔地区集中了俄国大量的无产阶级。20 世纪初，在某些矿物质生产和开采过程中，乌拉尔地区的地位并不是特别高：白金开采占 32.4%，铁矿石开采占 22.6%，盐矿开采占 27.5%，铜矿开采占 57.6%。当时在采掘工业中，无产阶级的人数较多（占 43.3%）。在该地区的各省份中，小工业和手工业分布比较广泛。如《苏联工业地图册》数据所示，在乌拉尔地区的小工业和手工业领域中，工人数量达 40 万（占工人总数量的 70%）。[1] 该地区的一些手工行业很有名，如细木工、村镇毛皮大衣的制作、维亚特卡省萨拉普尔的制鞋、奥伦堡的绒毛编织。对于乌拉尔地区来说，城市之外的工业中心工业生产分布也很广泛。这些都决定了《苏联工业地图册》的编者们会对该地区做出这样的评价："乌拉尔地区是苏联最早出现的一批工业中心，是苏联为数不多的工业经济持续增长，且与农业联系紧密的地区。"[2] 20 世纪初，在乌拉尔地区的诸省份中，彼尔姆省的生产规模最为突出。1908 年，该省在金属加工业（占总产值的 8.5%）和食品工业（占 14%）中占有非常重要的地位。第一

---

① Там же. С. 56 – 57.

② Там же. С. 12.

次世界大战期间，维亚特卡省的指标明显增长。1918 年的普查数据显示，该省 1918 年产值比 1913 年增长了 77.5%，而工人数量增长了 1 倍。[①]

　　20 世纪初，波罗的海沿岸地区和西南地区在工业中发挥重要作用，两个地区都有自己的特点。波罗的海沿岸地区的主要特点是工业分布区域十分有限。19 世纪末，工厂企业的分布雏形就已经确定。《1900 年清单》中的数据表明，主要的工业中心在利夫良季亚省的里加及其县城（占该省企业总数量的 34%），在库尔良季亚省的利巴瓦和米塔瓦（分别占 13.7% 和 11%）、在埃斯特良季亚省的雷瓦尔及其县城（占 40.7%），此外还有利夫良季亚省的尤里耶夫县（占 14%）、埃斯特良季亚省的韦津别尔格县（占 31%）。工业部门的定位是多元化的，首先就是利夫良季亚省，该省除丝织品加工部门外，其他所有部门都有。同时，该省的生产规模也很大（详见附录Ⅱ，表 2）。1908 年之前，埃斯特良季亚省的工业主要由两部分组成。从一方面来看，规模较小（企业平均年产值为 3 万卢布，工人平均为 7 人）的酿酒和酒精提纯企业数量较多（192 家）；从另一方面来看，大型企业只有 10 个（1 个棉花加工企业，2 个木材加工企业，6 个金属工业企业，1 个建材生产企业），这些企业占该省总产值的 65%，工人总数量的 80.5%。埃斯特良季亚省的大型工业生产部门结构较为单一，其原因主要是该省面积较小，工业发展水平较低，工业结构不够合理。

　　波罗的海沿岸地区工业的根本特点是小生产部门发挥了很大作用。如 1908 年的普查数据所示，在利夫良季亚省，工人不足 50 人的企业占企业总数量的 65%，占工人总数量的 10%，在埃斯特良季亚省分别占 89% 和 10%，在库尔良季亚省分别占 61% 和 20%。

　　有关该地区企业平均规模和工人平均产量有几种不同说法。第一种说法，正如表 3-4 所示，在小生产部门广泛分布的情况下，企业平均规模不大。而工人的平均产值，无论是一些大企业，还是需要缴纳消费税的很多小企业，产值指标都很高。

---

　　①　Труды ЦСУ. Г. ⅩⅩⅤⅠ. Вып. 1. С. 413.

　　西南地区除了包括基辅省、波多利斯克省、沃伦省等原有省份之外，还将波尔塔瓦省和切尔尼戈夫省也纳入了自己的行业定位和生产范围之内。甚至连工业发展缓慢的比萨拉比亚省，在 20 世纪初的俄国加工工业中也发挥了重要作用，该省是农产品加工领域重要的生产中心。西南地区在俄国产值中所占的较高比例也不排除人为拔高的成分，因为这里主要分布着需要缴纳消费税的生产部门。该地区工业分布的特点是，工业主要分布在普通的城市中心和乡镇。该地区的一个要特点是小企业比例很高，小企业在各省的分布状况如下（详见表 3 - 7）。

表 3 - 7　小企业在各省的分布状况

单位：%

省份	小企业数量占比	工人数量占比
基辅	62.0	10.3
沃伦	84.0	25.0
波多利斯克	75.4	12.7
波尔塔瓦	80.0	32.0
切尔尼戈夫	84.0	18.0
比萨拉比亚	98.2	83.5

　　通过对比可以发现，莫斯科省这两个指标分别为 40% 和 4.3%，卡卢加省分别为 60% 和 8.5%。

　　附录Ⅲ表 1 中的数据表明，北高加索是新兴的工业中心，是建筑工业和食品工业的工厂中心。该地区的采掘工业发展很快：1912 年采掘工业几乎占整个工业产值的 32%，工人总数量的 63.6%。

　　20 世纪初是伏尔加河流域工业区的形成期。伏尔加河中下游省份成了磨面制革、水泥生产、木制装饰物生产的中心，羊毛加工、金属加工和化学生产部门发展也非常迅猛。沿伏尔加河从巴库中心运送石油和石油制品行业的快速发展，以及农产品商品率的提高，对该地区的发展产生了重要影响。

　　1908 年，在俄国羊毛加工领域的产值中，西伯利亚省占 4.5%；在木材加工领域，萨拉托夫省占 6.4%；在畜产品加工领域，喀山省占 7.9%；在水泥生产领域，萨拉托夫省占 11.4%；在磨面领域，伏尔加河流域省份占很高比重，而萨拉托夫省、萨马拉省和西伯利亚省占总产值的 19.4%。

上述地区的工业主要集中在伏尔加河沿岸城市。萨拉托夫省在该地区扮演着重要角色，不仅生产规模很大，而且生产部门较为齐全。在萨拉托夫省的工业中，察里津县占较高比重。

第一次世界大战期间，伏尔加河沿岸省份工业发展迅猛。工业潜力增长主要是因为出现了一些新建项目，包括建设国有企业，扩建原有企业，从波兰和波罗的海沿岸向伏尔加河流域省份疏散工厂。在国有工厂中值得注意的有：萨马拉的炸药工厂、萨马拉的烟斗工厂、喀山的光气工厂、萨马拉的氯工厂、萨拉托夫的化学工厂、辛比尔斯克的弹药工厂、喀山的石油加工厂。喀山的火药工厂规模明显扩大。普查数据显示，1918 年萨拉托夫省（甚至不包括察里津县）的企业数量比 1913 年增加了 8%，产值几乎增长了 40%，工人数量增长了 60.5%；喀山省生产增长了 63%，工人数量增长了 70%；萨马拉省工业发展很快，该省的工人数量是 1913 年的 2.6 倍，产值是 1913 年的 2.4 倍。

战争期间，中部黑土区的工业潜力也有所增长，但该地区整体上还是保持了自己的农业面貌。《苏联工业地图册》中的数据所反映的注册工业、小工业、手工业的工人数量比例，很好地说明了这一点。注册工业在该地区占比很小，仅为 11%，而且这一指标的绝对数值也不高：沃罗涅日省的注册工业中只有 7500 名工人，坦波夫省有 13000 名工人。[1]

西部地区工业发展非常缓慢。这是很正常的现象，因为该地区没有工业发展较快的省份。该地区分布较广的是小型工厂，大型和超大型企业数量特别少。而北部地区、外高加索地区、西伯利亚地区和突厥斯坦地区，只有为数不多的工业中心，其中巴库工业中心占重要地位，应该将它与上述 5 个工业区域一起统计。分析《1900 年清单》和《1908 年清单》可以发现，除巴

---

① Атлас промышленности СССР. Вып. 1. С. 56 – 57.

库外，工业生产集中的中心只有梯弗里斯、努哈及其县城（位于伊丽莎白波尔省），后者是丝织品工业中心。巴库工业发展的特点是，巴库及其周边农村发展都很快，但只是在极为有限的区域建立了高度集中的工业。外高加索地区的采矿工业发展更快，表现突出的不仅有巴库石油中心，还有锰矿开采中心（占全俄开采总量的 69.1%）和铜矿开采中心（占 35%）。这些情况决定了外高加索地区在采掘工业中所占比重特别高：占 1900 年产值的55.1%，占 1912 年产值的 45.7%，占从业工人总数量的 63.5%。

　　总之，20 世纪初，俄国工业的区域分布严重失衡。下列工业区的工业发展规模很大，在俄国工业中的作用也很突出：中部工业区、圣彼得堡工业区、南部工业区、波兰和乌拉尔工业区。此外还有一些工业区（波罗的海沿岸地区、西南地区、伏尔加河流域地区）和采掘工业中心（外高加索、北高加索）的工业发展指标也相对较高。这些现象说明，新工业区工业生产发展非常活跃，老工业中心的生产规模也在不断扩大。同时，地区间工业化进程差异较大，一些地区只是出现了一定的集中趋势，而有些地区已经形成了工业区域的大致轮廓。当然，在小工业和手工业分布上，各地区间几乎没有差别。总之，工业化进程打破了工业地域的界限，建立了更加广阔的工业生产区域。

第四章
19世纪末20世纪初俄国工业集中化进程和工业结构的一些研究结果

19 世纪末俄国经济学家和政论家的作品，在阐述俄国工业向资本主义演进过程时，非常重视大生产的发展及其作用的加强。[①] 列宁的作品也非常重视工业集中化问题。[②] 这一问题无论是在研究俄国工业中资本主义发展问题时，还是在研究资本主向垄断资本主义演变问题时都会被提及。马克思主义政治经济学的观点认为，随着资本主义的发展和生产资料的不断集中，劳动的社会化会逐渐加强。列宁在此基础上指出：工业的大规模发展和大企业生产的不断集中是资本主义的一个典型特征。[③] 列宁在著作中揭示了工业集中过程中表现出来的复杂性和多面性。这种现象不能简单地归结为劳动力的

[①] См., например: Струве Ⅱ. 15. Критические заметки к вопросу об экономическом развитии России. Вып. 1. СПб., 1894; Карышев Н. А. Материалы по русскому народному хозяйству. М., 1898; Туган – Барановский М. И. Русская фабрика в прошлом и настоящем. СПб., 1898; и др.

[②] Более подробно об освещении проблемы концентрации промышленности в трудах К. Маркса, Ф. Энгельса, В. И. Ленина см., например: Леонтьев Л. А. "Капитал" К. Маркса и современная эпоха". М., 1968; Малый И. Г. В. И. Ленин о статистическом изучении концентрации промышленного производства // Вестник статистики, 1969, N 4; В. И. Ленин и современная статистистика. Т. 1 – 3. М., 1970; см. также: Шепелев Л – Е. В. И. Ленин и марксистская теория центр. итанин и обобществления капитала // В. И. Ленин и проблемы исюрии. Л., 1970.

[③] Ленин В. И. Поли. собр. соч. Т. 27. С. 310.

集中。生产规模的扩大不仅表现在企业中工人数量的增加，还表现在技术的完善、机器的使用和动力设备的增加。列宁在其著作《俄国资本主义的发展》中强调，生产的集中化主要表现为大工厂的优先发展，尤其是使用机械动力的企业，生产总值增长很快，工人数量明显增加。通过对比垄断资本主义背景下的生产集中和工人集中过程，他认为：“生产集中比工人集中更强劲，因为大企业的劳动效率更高。”① 从工业集中过程，以及大型和超大型企业控制的加强，可以看出它们最基本、最主要的趋势，同时还应该重视列宁的两个重要的评论。第一个是：“从纯理论的角度（而不是从先验的角度）来讲，在发达的资本主义社会工业企业的数量并不一定会减少，因为在工业集中的同时还会出现人口与农业的逐渐分离，以及小工业企业的不断增多。”第二个是：“并不是每个工业领域都有大企业。”② 1918 年，在制定俄国共产党（布尔什维克）纲领时，列宁特别重视垄断资本主义与帝国主义的关系问题，重视保持原有形式问题，以及在一定条件下，包括特殊条件下资本主义发展重回初始阶段问题。他强调：“没有资本主义基础的纯粹的帝国主义任何时候都不存在，无论在哪里都不存在，未来也不会存在。”他接下来又说道：“没有自由竞争的垄断资本主义在世界上任何地方、任何领域都不存在，未来也不会存在。如果说马克思谈到的工厂手工业是以大量小生产部门为基础的话，那么帝国主义和金融资本主义则是建立在原始资本主义基础之上的。”③

列宁的著作在很大程度上是符合研究工业集中问题的某些原则的。通过分析和研究，列宁确定了大企业在企业总数中所占的比例、大企业中工人的数量、生产规模、企业中技术的集中程度（发动机和设备）、每年的劳动时间等。列宁不仅按照工人数量对大企业进行分组，还根据产值进行分组。他不止一次地强调统计发动机的使用情况、每年劳动时间等指标的必要性，他还对大企业的发展动态进行了分析。

① Ленин В. И. Поли. собр. соч. Т. 3. С. 509 – 511. Т. 27. С. 310.
② Ленин В. И. Поли. собр. Т. 4. С. 17；там же. Т. 27. С. 312.
③ Ленин В. И. Поли. собр. Т. 38. С. 151 – 154.

　　在研究国内历史的苏联历史学家的作品中，在有关某一地区社会经济发展的作品中，尤其是在研究工人阶级历史的作品中，都不同程度地涉及俄国工业集中问题。[①] 这些作品多与列宁的著作差别较大，他们不仅研究生产集中问题，还研究无产阶级集中问题，而且总结出集中的特点，即与其他国家相比俄国的集中程度特别高。这些作品重视信息的评价问题，并在此基础上对集中过程和信息处理方法进行了研究。我们要谈三部作品，这三部作品清晰地呈现出现有作品的史料学基础。

　　根金（И. Ф. Гиндин）在研究工业集中问题时，不止一次地谈及 20 世纪初俄国的社会经济发展问题。[②] 他得出了这样的结论：农奴制残余对俄国片面的工业发展产生的直接和间接的影响、在西方早已确立的机器生产和生产的经济组织水平向俄国的转移、政府实行自上而下地推行资本主义的政策，这些因素共同导致尚处于前垄断资本主义时期的俄国便形成了与其发展不相称的、过高的大型企业生产集中水平。在帝国主义时期这一水平更高，而且在这两个时期该水平都超过了西方工业发达国家的相应指标。根金接下来又强调："这些现象导致工业无产阶级主要集中在大型工厂"，甚至是在

---

① См. , например: История СССР: с древнейших времен до Великой Октябрьской социалистической революции. Т. Ⅵ. М. , 1968; Хоштария Э. В. Очерки социально – экономической истории Грузии. Тбилиси, 1974; Крузе Э. О. Положение рабочего класса России в 1900 – 1914 гг. Л. , 1976; Абезгауз З. Е. Рабочий класс Белоруссии в начале XX в. Минск, 1977; Актуальные проблемы экономической истории Азербайджана. Баку, 1978; Негесин Ю Н. Промышленный капитал Латвии. Рига, 1980; Егоров Е. А. Рабочие Нижегородской губернии. 1900 – февраль 1917. Горький, 1980; Клейн Н. Л. Экономическое развитие Поволжья в конце XIX – начале XX века. Саратов, 1981; Рабочий класс Центра страны и Сибири. Новосибирск, 1981; Рабочий класс Сибири в дооктябрьский период. Новосибирск, 1982; и др.

② См. , например: Гиндин И. Ф. Государственный капитализм в России домонополистического периода // Вопросы истории, 1964, N 9; Он же. О некоторых особенностях экономической и социальной структуры российского капитализма в начале XX в. //История СССР, 1966, N 3; Он же. В. И. Ленин об общественноэкономической структуре и политическом строе капиталистической России // В. И. Леннн о социальной структуре и политическом строе капиталистической России. М. , 1970; Он же. Социально – экономические итоги развития российского капитализма и предпосылки революции в нашей стране // Свержение самодержавия. М. , 1970.

俄国为数不多的（6~7个）工业中心。① 为了证明自己提出的观点，他援引了加工工业企业更高的平均工人指标（326名工人）。在集中化程度很高的部门，企业中的平均工人数量更多（棉花加工业600名工人，机器加工业440名工人），与德国相比更为集中的是全俄工业中的大企业，以及部分行业中的大企业（占工人总数的44%~66%）。但非常遗憾的是，根金使用的有关工厂工业的数据，包括1910~1912年欧俄（而不是全国）地区的普查数据，与1907年德国的工业—手工业普查指标是无法相比的。他将该地区企业普查数据与俄国工业统计数据相比是不合适的②，因为德国的工业普查是广义的，还包括商业和道路交通业。③ 根金从这个错误认识得出了他的结论，即与俄国相比德国企业平均数据更低，大企业所占比例更低，大企业中的工人比例更低。将德国的材料与俄国1908年和1910~1912年的普查资料，以及采矿数据进行对比，也可以说明这一点。1908年俄国所有生产部门的企业工人平均为112名，1912年为137名，而1908年和1912年棉花加工领域企业工人平均分别为520名和608名，1912年金属加工业和采矿业分别为110名和221名。根据根金使用的德国普查数据，这些指标如下：176名（1908年），204名（1912年），190名（金属加工业）。

乌加罗夫的作品在系统地分析《1900年清单》和《1908年清单》数据基础上，对无产阶级的集中问题进行了研究。他还对企业分组表格进行了对比，企业分组是按照俄国工业各领域中工人数量和省份进行的。④ 乌加罗夫发现，在无产阶级集中程度上，各领域之间是存在差异的，包括在食品工业中中小生产部门的分布也不均衡。乌加罗夫毫无根据地提高工业企业的认定标准，这使他所得出的结果的重要性明显降低，在俄国信息手册出版物中企

---

① Гиндин И. Ф. Указ. соч. // Свержение самодержавия. С. 42, 43.

② Гиндин И. Ф. Указ. соч. // Свержение самодержавия. С. 44.

③ Ленин В. И. Поли. собр. соч. Т. 24. С. 63.

④ Угаров И. Ф. Численность и отраслевой состав пролетариата России в 1900 и 1908 гг. (Сравнительный анализ данных переписей) // Вопросы источниковедения истории первой русской революции. М., 1977.

业的认定标准特别高。他在统计过程中排除了有分发办事处的企业、有发动机的企业、工人数量少的企业等，这就导致在工人数量略有减少的情况下，企业数量明显减少，小企业所占比例明显降低，小企业中的工人数量明显减少。

博维金对生产集中问题进行了多年的研究，他的作品与上述作品的区别在于，他选取的数据与其研究的现象是相符的，他处理数据的方法有助于揭示研究对象的本质特征。[1] 相关领域企业平均生产能力，以及不同规模的企业（准确说是公司）的平均生产能力，是博维金使用的基本指标。他对选取的各工业领域三年（1890 年、1900 年和 1908 年）的指标进行了详细的分析。此外，某些领域中的生产部门也是博维金进行专门研究的对象。他主要以《俄国和苏联工业动态》未出版的部分，以及《1900 年清单》和《1908 年清单》材料为基础进行研究。在第一章，博维金主要论述有关工业集中趋势的基本论断。虽然在不断改进自己的研究方法，并且非常了解一些材料的特点，但有关某个工业发展时期（如 1900 年）和某个领域（1908 年的亚麻加工领域）所出现的企业减少现象，博维金还有必要做进一步的论述。正如博维金所提到的，企业数量指标是经常波动的，尤其是对于大范围（俄国所有工业，整个行业）的统计结果来说，企业数量的变化反映的是某次调查过程中工业企业注册资格和条件的变化。正因如此，在 19 世纪 90 年代后半期企业创办高潮之后的 1900 年登记的企业数量，还没有 1890 年多。准确地说，1908 年亚麻加工企业的减少与该领域一些生产部门的企业标准提高有关，包括大麻打麻企业的统计标准也发生了变化。在 1900 年的普查资料中，共登记了 108 家大麻打麻企业，这些企业共有 2500 名工人，一台发动机也没有。在 1908 年的普查资料中只登记了 51 家大麻打麻企业，以及 1700 多名工人，发动机总功率为 27 马力。另一种情况也值得重视，即在材料选取过程中如何处理行业原则材料，以及反映某些部门生产水平的材料。

①　Бовыкин В. И. Концентрация промышленного производства в России в конце XIX – начале XX вв. // Исторические записки. Т. 110. М.，1984. См. также: Бовыкин В. И. Зарождение финансового капитала в России. М.，1967.

博维金在作品中将各个工业部门作为独立的单位去研究，在硅酸盐工业中比较突出的有水泥生产、制陶、制砖、玻璃制造、瓷器生产等部门，在化学工业中主要有基础化学、化妆品—脂肪、火柴、橡胶等生产部门，而纺织工业的所有部门，以及金属加工业均被博维金列入全部生产部门当中。同时，也可以划出一些独立的生产部门：蒸汽机车制造、呢绒生产、轧棉生产、缆索铁路生产、绳索生产等。如果说1908年橡胶工业中有6家企业特别突出的话，那么为什么没有在纸浆生产部门挑选出7家出色的企业呢？

　　最近，在分析工业普查材料和企业信息手册出版物基础上，学者们对19世纪末20世纪初俄国工业集中问题进行了全面的研究，同时还在寻找更完善的整理资料的方法，进一步改进分析数据的方法。解决这一问题的某些流派和方法，在《资本主义时期俄国经济社会史方面的大量史料》这一作品中得到了初步的反映。①

　　根据《1900年清单》，我们对莫斯科省和彼得堡省棉花加工和金属加工领域的企业按工人数量进行了分组。分组依据为：是否有蒸汽发动机，企业的工人数量，该地区的工人数量，蒸汽发动机的数量和功率，以及产值等。将企业分成了7组：第一组工人不足15人，第二组16~30人，第三组31~50人，第四组51~100人，第五组101~500人，第六组501~1000人，第七组超过1000人。将16~30人的企业分为一组主要是考虑如下因素。第一，该组企业与在生产中使用蒸汽发动机的企业区别很小，它们都有相对固定的工业企业特征。第二，值得注意的是，在一些较晚出版的工业统计出版物中，工厂企业的标准经常提高到20人，在1918年普查过程中标准甚至提高到了30人。

　　按上述特征对统计资料进行分类，有助于更深入地研究劳动力的集中过程、主要生产潜力的集中过程，以及产值的集中过程。一些结果表明，在工

---

① Массовые источники по социально - экономической истории России периода капитализма. М., 1979. С. 73 - 82.

业发达省份一些主要行业的大型企业中，生产集中比劳动力集中更占优势。在我们研究的行业和省份中甚至出现了这样的现象，即绝大多数的工人、发动机功率和产值集中在工人超过 100 人的企业中。在作品中还发现了一些企业分组方法，即在根据生产总值进行分组的同时，还应该考虑工人数量。根据《1900 年清单》以及《1900 年工厂名册》等数据统计，在主要的工业中心和领域，产值低于 1 万卢布的企业甚至低于 2 万卢布的企业数量都明显减少，而大企业的数量明显增加（详见表 4－1）。

表 4－1　在莫斯科省的棉花加工领域不同规模（工人数量和产值）的企业数量

工人数量	产值(千卢布)					
	1895 年			1900 年		
	10 以内	11～100	超过 100	10 以内	11～100	超过 100
30 人以内	30[①]	38	1	18[②]	16	1
31～50 人	5	14	0	5	17	0
51～100 人	6	21	5	0	28	9
101～500 人	0	8	32	0	6	40
超过 500 人	0	0	33[③]	0	0	41[④]
总计	41	81	71	23	67	91

注：①有 10 家企业产值少于 2000 卢布。
②只有 4 家企业产值少于 2000 卢布。
③有 26 家企业产值超过 100 万卢布。
④只有 3 家企业产值低于 50 万卢布，而有 30 家企业产值超过 100 万卢布。

　　在随后处理弗拉基米尔省、科斯特罗马省、阿尔汉格尔斯克省、叶卡捷琳诺斯拉夫省、库尔斯克省、维利亚省、阿斯特拉罕省、利夫良季亚省、库尔良季亚省和埃斯特良季亚省各领域的企业《1900 年清单》资料时，这些企业划分原则继续使用。当时共整理了 2400 多张卡片，最先处理这些数据的是叶罗希娜（Ерохина М. Н.）。对于这一时期来说这是非常必要的，而且在处理数据过程中要考虑相关资料的指标选取特点——使用蒸汽发动机（详见表 4－2）。

表 4-2 使用蒸汽发动机的企业分布及它们的经济指标（1895 年）

省份	企业数量（家）	%	工人数量（人）	%	产值（千卢布）	%	发动机功率（马力）
利夫良季亚	719 411	57.1	29582 24141	81.6	54.3 48.8	89.9	16467
埃斯特良季亚	292 245	84.0	8752 8413	96.1	19.0 18.6	97.9	4683
库尔良季亚	197 118	60.0	5138 3902	76.0	9.3 8.4	90.3	3541
弗拉基米尔	884 208	23.5	116305 105312	90.5	142.7 136.9	95.9	47732
科斯特罗马	143 85	59.4	36792 35043	95.2	39.6 38.3	96.8	17657
叶卡捷琳诺斯拉夫	315 190	60.3	8719 6672	76.5	19.0 17.2	90.7	8237
维利亚	177 62	35.0	5248 1801	34.3	9.0 5.1	56.9	2484
库尔斯克	195 79	40.5	10649 9005	84.6	16.9 13.8	81.6	6143
阿尔汉格尔斯克	32 22	68.7	2330 2135	91.6	6.9 6.8	97.7	2642
阿斯特拉罕	59 19	31.8	1877 1239	66.0	2.0 0.9	45.8	420

注：每个省的第二行标注的是使用发动机的企业数量以及所占百分比。

表 4-2 表明，即使在工业欠发达的省份，有发动机的企业依然在生产结果中发挥重要作用。这些数据甚至表明，在生产集中程度上，部门之间的差异要比区域之间的差异还要明显，虽然一些省份发展水平很高。同时可以看出，这一时期（1895 年）中小企业分布很广泛，在产量和工人数量上也占较高比例，但为数不多的大企业显得非常突出，遥遥领先于数量众多的小生产单位。表 4-3 提供了有关木材加工（集中程度很低）的数据，表 4-4 提供了金属加工企业的数据。

表 4 - 3　根据工人数量划分的各类木材加工企业的分布状况和它们的基本指标

省份	根据工人数量对企业进行的分组	企业数量（家）	在该领域工人总数量中所占比例（%）	在该领域总产值中所占比例（%）	在该领域发动机功率中所占比例（%）
弗拉基米尔	15 人以内	12	19.6	12.8	18.8
	16～30 人	17	31.6	50.4	54.9
	31～50 人	8	23.1	15.8	14.4
	51～100 人	3	20.6	20.9	11.7
科斯特罗马	15 人以内	5	11.9	20.3	16.1
	16～30 人	2	9.3	27.0	16.5
	31～50 人	3	25.9	47.8	15.2
	101～500 人	1	52.9	4.8	52.2
叶卡捷琳诺斯拉夫	15 人以内	5	6.2	3.3	6.2
	16～30 人	6	15.4	21.0	18.7
	31～50 人	8	33.2	26.1	43.4
	51～100 人	4	31.8	44.4	25.8
	101～500 人	1	13.4	5.2	5.9
维利亚	15 人以内	7	41.9	30.6	45.9
	16～30 人	2	27.0	17.5	21.4
	31～50 人	1	31.1	51.9	32.7
阿尔汉格尔斯克	16～30 人	1	1.3	6.4	2.9
	31～50 人	1	2.2	0.9	0.8
	51～100 人	11	50.0	69.4	70.5
	101～500 人	5	46.5	23.3	25.8
阿斯特拉罕	15 人以内	7	13.0	17.0	0
	31～50 人	1	5.6	19.0	35.4
	51～100 人	3	19.1	47.0	56.8
	501～1000 人	1	62.3	17.0	7.8
库尔良季亚	15 人以内	3	3.0	0.5	4.8
	16～30 人	4	13.0	5.5	62.6
	31～50 人	3	17.3	3.6	13.0
	51～100 人	2	18.1	35.1	13.5
	101～500 人	1	48.6	55.3	6.1

省份	根据工人数量对企业进行的分组	企业数量（家）	在该领域工人总数量中所占比例（%）	在该领域总产值中所占比例（%）	在该领域发动机功率中所占比例（%）
利夫良季亚	15 人以内	55	5.0	2.2	17.7
	16~30 人	10	4.0	4.3	7.1
	31~50 人	5	3.4	1.9	4.5
	51~100 人	8	10.1	141.0	13.7
	101~500 人	14	46.0	47.1	49.3
	501~1000 人	3	31.6	30.3	7.8
埃斯特良季亚	15 人以内	19	64.3	38.0	27.2
	31~50 人	1	35.7	61.2	72.8

　　进一步研究生产集中与劳动力集中的相互关系问题，需要按照一些参数进行估算。评价大企业的作用，应该考虑它们在某个省份或者行业的企业总数、工人数量、在总产量中所占比例等问题。处理数据是以中部工业区6个省份的《1900年清单》材料为基础得出的。大企业的最新指标有两个：企业工人超过100人，产值超过10万卢布。第一个指标的范围有助于准确统计那些工人数量不是很多的生产单位。第二个指标的水平一般与使用蒸汽发动机的企业的生产总值有关。统计表明，早在1900年之前，在中部工业区的所有省份大型生产部门就已经占据优势，尤其是在工人数量和产值等方面，大企业的作用更为突出。[①] 在绝大多数省份出现了生产集中程度超过劳动力集中程度的趋势。特维尔省和雅罗斯拉夫尔省的情况较为特殊，这两个省份有一些企业工人数量很多，但产值很低。表4-5很直观地反映了这一问题，该表格将大型生产部门的产值标准降到了不少于5万卢布。

---

① Воронкова С. В. К вопросу о соотношении степени концентрации производства и рабочей силы в губерниях Центрального промышленного района // Пролетариат Центрального промышленного района в революции 1905-1907 гг. Ярославль, 1982. С. 188 (таблица 2).

表 4 - 4　各类金属加工企业分布状况和它们的基本指标

省份	根据工人数量对企业进行的分组	企业数量（家）	在该领域工人总数量中所占比例（%）	在该领域总产值中所占比例（%）	在该领域发动机功率中所占比例（%）
弗拉基米尔	15 人以内	8	1.4	0.6	6.1
	16 ~ 30 人	6	3.1	1.1	1.1
	31 ~ 50 人	4	3.6	0.2	7.3
	51 ~ 100 人	12	19.6	11.6	16.3
	101 ~ 500 人	11	57.8	38.8	43.5
	501 ~ 1000 人	1	15.4	47.7	25.7
科斯特罗马	15 人以内	2	5.7	9.2	0
	16 ~ 30 人	2	11.6	13.0	13.1
	31 ~ 50 人	1	8.5	7.3	0
	51 ~ 100 人	3	41.6	42.4	55.6
	101 ~ 500 人	1	32.6	28.1	31.3
叶卡捷琳诺斯拉夫	15 人以内	4	1.2	0.4	1.4
	16 ~ 30 人	11	7.0	3.6	4.2
	31 ~ 50 人	15	18.2	15.1	26.1
	51 ~ 100 人	10	23.7	22.9	20.6
	101 ~ 500 人	9	49.9	58.0	47.7
维利亚	15 人以内	3	7.9	8.6	3.2
	16 ~ 30 人	3	13.9	2.8	2.4
	31 ~ 50 人	1	9.1	1.2	0
	51 ~ 100 人	1	14.1	5.6	2.4
	101 ~ 500 人	2	55.0	81.8	92.0
库尔良季亚	15 人以内	5	4.0	4.5	0
	31 ~ 50 人	3	18.6	43.3	17.0
	51 ~ 100 人	5	55.5	37.2	59.5
	101 ~ 500 人	1	21.9	16.0	23.5
利夫良季亚	15 人以内	11	1.3	0.3	0.3
	16 ~ 30 人	8	2.4	0.8	2.4
	31 ~ 50 人	11	6.3	2.5	3.1
	51 ~ 100 人	4	4.6	2.7	2.1
	101 ~ 500 人	13	44.5	43.0	78.6
	超过 1000 人	1	40.4	50.7	13.5

续表

省份	根据工人数量对企业进行的分组	企业数量（家）	在该领域工人总数量中所占比例（%）	在该领域总产值中所占比例（%）	在该领域发动机功率中所占比例（%）
埃斯特良季亚	15 人以内	4	6.8	7.0	4.5
	16～30 人	2	6.7	6.7	6.8
	51～100 人	1	10.0	5.8	9.0
	101～500 人	3	76.5	80.5	79.7

表 4－5　在大型企业中工人集中和生产集中之间的差值随着选取指标的不同而波动

省份	工人超过 100 人，产值超过 5 万卢布的大型企业在省内所占比例			工人和生产在集中程度上的差值 *	
	在企业数量方面	在工人数量方面	在产值方面	在工人超过 100 人，产值超过 5 万和 10 万卢布的企业	
				5 万卢布	10 万卢布
莫斯科	26.1	79.2	83.0	＋3.8	＋5.9
弗拉基米尔	27.5	86.4	88.0	＋1.6	＋5.5
科斯特罗马	23.9	86.5	89.6	＋3.1	＋4.0
下诺夫哥罗德	6.0	73.8	74.5	＋0.7	＋14.5
特维尔	17.2	86.0	82.0	－4.0	－1.1
雅罗斯拉夫尔	16.7	85.0	80.0	－5.0	－2.3

＊比较百分率数值，如果产值比例更高用"＋"，如果更低用"－"。

　　表 4－6 对一些省份的大型和超大型企业（产值超过 10 卢布）中的工人集中和生产集中问题，进行了有针对性的分析。结果证明，生产集中比劳动力集中更占优势的这一趋势在不同省份表现出了复杂性和矛盾性。例如，在工人超过 1000 人，产值超过 10 万卢布的一些企业中，这一趋势表现得并不明显。

　　为了更有针对性地统计超大型企业的生产活动，挑选的指标是工人超过 500 人，产值超过 500 卢布。同时，该组登记的都是年产值超过 100 万卢布，工人不少于 100 人的企业。在分类过程中需要考虑那些生产活动不需要集中大量工人的领域的特点（详见表4-7）。统计数据反映了这些企业在省内的经济作用，以及生产集中程度与劳动力集中程度的相互关系。

表4-6 一些大型和超大型企业在经济指标中所占比例

单位：%

省份	根据工人数量对企业进行分组								
	100~499个工人，产值10万卢布			500~999个工人，产值10万卢布			超过1000个工人，产值10万卢布		
	Ⅰ	Ⅱ	Ⅲ	Ⅰ	Ⅱ	Ⅲ	Ⅰ	Ⅱ	Ⅲ
莫斯科	15.6	19.96	20.7	3.9	14.5	18.0	3.1	42.3	43.0
弗拉基米尔	8.4	4.7	8.5	5.6	13.0	18.1	6.9	61.7	60.3
科斯特罗马	5.9	6.1	8.0	8.6	23.0	24.0	7.2	56.0	57.1
下诺夫哥罗德	3.3	14.5	39.9	—	—	—	0.4	44.3	33.4
特维尔	8.0	12.1	13.1	1.2	4.0	2.6	5.0	67.0	66.3
雅罗斯拉夫尔	12.9	21.0	36.2	1.0	5.0	3.1	2.4	58.6	43.0

注：Ⅰ——在该省企业总数中所占比例，Ⅱ——在该省工人总数中所占比例，Ⅲ——在该省总产值中所占比例。

表4-7 中部工业区6个省份中的超大型企业在经济指标中所占比例

单位：%

省份	工人超过500人，产值超过50万卢布的超大型企业在省内所占比例（包括产值超过100万卢布，工人不少于100人的企业）			工人和生产在集中程度上的差值
	在企业数量中	在工人数量中	在产值中	
莫斯科	7.0	55.4	63.5	+8.1
弗拉基米尔	10.7	69.7	79.5	+9.8
科斯特罗马	13.1	69.0	80.0	+11.0
下诺夫哥罗德	1.8	50.3	69.5	+19.2
特维尔	6.1	69.3	73.0	+3.7
雅罗斯拉夫尔	5.0	65.0	61.2	-3.8

这些指标有助于发现中部工业区各省份的超大型企业，这些超大型企业更完整地反映出生产集中比劳动力集中更占优势这一趋势，反映出大型生产

部门的经济效能在不断提高。

通过进一步研究金属加工和冶金部门（穆拉舍夫、格里科）、磨面部门[费多罗娃（Л. Н. Федорова）]，以及超大型工业区——圣彼得堡和中部工业区（洛巴诺娃）的集中过程，人们对工业集中过程的本质和特征的认识明显加深，取得的一些成果反映在一系列出版物中。① 研究者们的主要观点如下：在俄国工业的重要部门——金属加工业中，早在1890年，生产和劳动力的集中水平就已经很高。借助于企业分组方法对数据进行分析，借助于某些生产部门的集中系数（基尼系数）② 这一计算方法，算出各组企业在主要生产指标中所占比例，就可以证明上述结论。穆拉舍夫细致地研究了各类企业

① Лобанова Е. В. К методике обработки данных промышленной статистики (по материалам Петербургской губернии за 1909 г.) // Социально - экономические и политические проблемы истории народов СССР. М. , 1985; Мурашев А. А. Концентрация производства в металлсюбрабатывакцсй промышленности России в конце XIX в. // Монополистический капитализм в России. М. , 1989; Лобанова Е. В. Источники и методы исследования структуры промышленности Петербургского и Центрально - промышленного районов в период 1909 - 1914 гг. // Проблемы историографии и источниковедения истории пролетариата Центрального промышленного района России. М. , 1990; Мурашев А. А. , Грико Т. И. , Федорова Л. Н. Процессы концентрации в отдельных отраслях и производствах российской промышленности на рубеже XIX - XX вв. // Промышленность России на рубеже XIX - XX вв. М. , 1992; Лобанова Е. В. Концентрация промышленности в ведущих промышленных районах в годы предвоенного промышленного подъема // Там же.

② Коэффициент концентрации или индекс Джини позволяет определить уровень концентрации собственности, продукции или иначе - " дает возможность измерить степень концентрации определенного вида общественного богатства (имущества, дохода) в изучаемой совокупности" (Хвостова К. В. Количественный подход в средневековой социально - экономической истории. М. , 1980. С. 37). Индекс Джини выведен на базе кривой Лоренца. См. об этом: Пасхавер В. Использование графика Лоренца, шя измерения уровня концентрации // Весгник статистики, 1970. N 2. Об опыте применения индекса Джини в работах историков см. , например, Давыдов М. А. К вопросу о методике анализа рынков сбыта продукции промышленных предприятий (на примере рафинадной промышленности России) // Математические методы и ЭВМ в исторических исследованиях. М. , 1985; Мурашев А. А. К методике исчисления уровня концентрации производства и рабочей силы (на примере металлообрабатывающей промышленности Петербургской губернии) // Там же; Промышленность России на рубеже XIX - XX вв. С 139 - 142.

在指标明显增长，大型和超大型企业数量不断增多的情况下扩大生产的过程。[①] 他特别指出，在各类企业中，发动机功率的集中程度在不断提高。通过计算 1909 年和 1914 年金属加工企业的基尼系数可以发现，在各个领域，集中过程都不是简单的延续，与劳动力集中相比，生产集中不断加强的趋势得到了保持，而且集中水平还在提高；在金属加工领域，动力装备率的集中程度不断提高的成效已经显现（详见表 4 – 8）。穆拉舍夫对格里科的研究进行了补充和发展，因为他的研究范围涵盖了 1909～1914 年俄国冶金业、金属加工业和机器制造业的集中化过程。对 1909～1914 年《工厂工业》的参考数据进行整理，有助于更全面地了解黑色冶金、金属加工和机器制造、有色金属加工、动力机械制造等领域的集中趋势。

表 4 – 8　19 世纪末 20 世纪初金属加工领域的基尼系数 * 指标

年份	产值	工人数量	发动机功率
机器制造领域：			
1884	0.77	0.73	—
1890	0.79	0.74	—
铁丝—铁钉生产领域：			
1884	0.74	0.59	—
1890	0.85	0.75	—
其他领域：			
1884	0.63	0.66	—
1890	0.68	0.66	—
金属加工和机器制造领域：			
1909	0.76	0.73	0.87
1914	0.80	0.76	0.85

* 基尼系数可以在 0～1 波动，但不能与极值相等。

　　按工人数量将企业分成了 9 组，对 1909 年和 1914 年每组企业在企业总数量、工人总数量、在产值和动力潜力中的比例进行计算，甚至对每组企业

---

① Промышленность России на рубеже XIX – XX вв. С. 82 – 111.

中企业的平均值进行计算，有助于得出更详细的数据。格里科曾指出，各个领域的工业生产规模都在扩大，所有类型的企业集中都在加强，在五年间工人超过 2000 人的企业所占比例在提高。1914 年，此类企业集中了本行业 46.3% 的无产阶级、43.2% 的产值和 67.04% 的动力功率。相关指标在不同的领域中也存在一定的差异。例如，在冶金行业，1914 年大型企业（工人超过 2000 人）占劳动力的 86%，占产值的 82.7%，占动力功率的 92.8%。在机器制造和金属加工领域，不仅大型企业和超大型企业较多，小型企业和中型企业数量也很多，因此它们没有冶金行业那么集中。对不同领域中不同类型企业的平均值进行分析的结果表明，各类企业在发展趋势上存在一定差异。例如，在冶金行业的一些企业中，虽然企业的平均工人数量在降低，但产值和动力功率在明显提高。在有色金属加工领域，虽然企业的平均工人数量指标基本没有变化，但绝大多数企业（1~6 组）的动力装备率在明显提高，一些企业增长了 1~2 倍。[1]

　　费多罗娃有关于俄国磨面企业集中问题的作品，对有关农产品直接加工等生产部门非常感兴趣，她认为在俄国此类生产部门分布很广，其中不乏大量的小企业。对《1900 年清单》、《1908 年清单》、1900 年和 1908 年的《工厂名册》，以及 1914 年的《工厂企业》等四类参考资料进行综合分析，不仅有助于揭示磨面企业发展的整体趋势，包括在伏尔加河流域新的磨面中心的形成过程，而且有助于总结该工业领域集中过程的特点。选取产值作为企业分组的基本指标是完全正确的，因为通过产值指标可以更为准确地判断某类企业的生产规模，以及与其他领域和生产部门的相互关系。费多罗娃的研究表明，磨面部门的绝对规模明显扩大，该领域的大企业纷纷出现且分布较广，生产能力明显提高。据她统计，在俄国的 27 个省份分布着大量的磨面企业，在 1895 年共有 45 家超大型磨坊，有 3860 人在这些磨坊工作，产值为 4224.52 万卢布。而小型磨坊（工人在 5 人以内，产值低于 1 万卢布）共有 482 家，有 1409 人在此工作，年产值低于 100 万卢

---

① Там же. CM 14 - 129.

布。在 1914 年小型磨坊（共有 136 家）的标准提高到了拥有 14 人，产值达到 10 万卢布。超大型磨坊的数量增加到 127 家，集中了 12500 人，年产值达 2.6 亿卢布。与其他研究者一样，费多罗娃研究磨面部门的集中过程也是借助于企业分组方法和基尼系数。产值的集中系数为 1895 年 0.84、1908 年 0.81、1914 年 0.69；而劳动力的集中系数分别为 0.67、0.64、0.56。使用分组方法和基尼系数，有助于揭示磨面部门在集中趋势中表现出的特点。1908 年，两种方法得出了不同的结果：分组方法表明集中程度在提高，而基尼系数表明集中程度在降低。正如费多罗娃指出的那样，1908 年在集中达到顶点时就已经出现了下降趋势，基尼系数作为更大容量的指标已经捕捉到了这一信息。在评价 1914 年磨面行业的集中问题时两种方法得出的结论完全吻合，均认为集中程度在下降。原因在于中型企业的数量在增多，规模在扩大，小型企业的规模也在扩大，在磨面企业逐渐增多的一些地区，生产也在不断扩大。[1]

　　研究主要工业区的战前工业高涨过程对于解决俄国工业集中问题非常重要，因为这些工业区集中了俄国大部分的工业潜力。圣彼得堡地区和中部工业区的企业占俄国工厂总数量的 16.2%，集中了全国 39.4% 的工人和 35.4% 的产值。洛巴诺娃使用的卡片数据处理方法很新颖，根据产值和工人数量指标对企业进行了分组。分析各工业领域中企业的分布状况，以及根据 1908 年普查汇编出版物计算出的领域和生产部门的平均值表明，俄国工业的所有领域都根据集中程度和普及性，相应地划分成了小型、中型、大型和超大型生产部门。划入第一组的有金属加工业和整个纺织工业，划入第二组的有化学工业、食品加工业和畜产品加工业，划入第三组的有木材加工业、造纸印刷生产部门、矿物质加工业和混合材料生产部门。某些省份在集中水平上存在区域差异，这在很大程度上是由该省的行业专业化程度决定的。接下来我们将着重分析行业特点，以及某些行业的区域分布特点。

---

　　① Там же. С. 138－142.

    表4-9a和表4-9b中的数据表明，金属加工业的集中程度很高。从中部工业区和圣彼得堡地区的绝大多数省份的一些指标可以看出该行业的发展动态。当时在金属加工业占优势的彼得堡和下诺夫哥罗德两省，几乎所有指标增长得都很明显，尤其是大型企业的指标增长更为明显。比较金属加工业和棉花加工业的数据（详见表4-9c和表4-9d）可以发现，棉花加工业的集中程度更高，该行业中的中小型企业发挥的作用不明显，在企业总数中大型和超大型企业占有很高比重（详见表4-9c）。

表4-9a　产值超过100万卢布和工人超过500人的大型和超大型企业在金属加工领域各项指标中所占比例

单位：%

省份	1	2	3	4
彼得堡	15.2	78.9	90.3	79.5
	17.8	82.7	92.4	87.4
莫斯科	5.4	56.5	78.6	61.2
	8.3	62.4	80.9	71.1
弗拉基米尔	5.1	40.4	45.2	73.5
	7.7	31.7	40.4	73.7
下诺夫哥罗德	12.3	83.5	91.9	84.7
	10.9	77.7	81.5	82.0
特维尔	——	——	——	——
	16.5	89.7	93.9	92.9

    注：①每个省的第一行是1909年的数据，第二行是1914年的数据，下面的表格也是如此。
    ②指标名称：1——在企业数量中所占比例，2——在工人数量中所占比例，3——在发动机功率中所占比例，4——在产值中所占比例。

表4-9b　产值超过300万卢布和工人超过2000人的企业在金属加工领域各项指标中所占比例

单位：%

省份	1	2	3	4
彼得堡	7.0	61.0	77.7	60.9
	6.8	58.4	79.1	64.8

续表

省份	1	2	3	4
莫斯科	1.5	36.0	61.9	40.9
	2.7	41.5	66.6	44.7
弗拉基米尔	2.5	26.8	29.0	64.2
	2.5	25.8	18.4	55.9
下诺夫哥罗德	8.7	75.6	89.8	76.3
	6.5	70.1	78.9	76.4
特维尔	—	—	—	—
	16.6	89.7	93.9	92.9

表 4-9c　产值超过 100 万卢布和工人超过 500 人的大型和超大型企业在棉花加工领域各项指标中所占比例

单位：%

省份	1	2	3	4
彼得堡	72.4	94.7	96.4	94.5
	73.1	96.0	96.6	95.4
莫斯科	27.6	88.2	96.0	93.3
	25.9	88.9	95.1	94.2
弗拉基米尔	58.7	96.0	97.5	96.2
	48.6	94.1	95.0	95.8
下诺夫哥罗德	68.2	92.4	92.4	94.6
	62.1	96.6	94.6	96.8
特维尔	100	100	100	100
	100	100	100	100
雅罗斯拉夫尔	66.6	96.9	97.9	97.1
	66.6	97.5	99.0	98.5

表 4-9d　产值超过 300 万卢布和工人超过 2000 人的超大型企业在棉花加工领域各项指标中所占比例

单位：%

省份	1	2	3	4
彼得堡	27.6	49.7	53.8	53.6
	42.3	72.2	77.3	75.1

续表

省份	1	2	3	4
莫斯科	15.3	74.3	82.5	81.3
	14.0	72.5	80.2	83.4
弗拉基米尔	31.3	77.8	84.3	80.7
	29.5	81.5	85.8	84.3
科斯特罗马	31.3	75.3	74.6	78.9
	34.5	80.5	81.3	82.9
特维尔	66.7	88.7	91.2	91.5
	50.0	88.1	86.0	89.6
雅罗斯拉夫尔	33.3	82.3	40.6	75.6
	66.7	97.5	99.0	98.5

在食品加工领域，各省份的集中程度存在很大差异，这一点在表4-10a到表4-10c中有所反映。分组指标的变化不仅可以证明食品工业在各地区分布非常广泛，而且可以证明小型和中型生产部门在该领域发挥了重要作用。

表4-10a 产值超过100万卢布的大型和超大型企业
在食品工业各项指标中所占比例

单位：%

省份	1	2	3	4
彼得堡	18.0	69.7	56.4	75.5
	22.0	74.6	74.6	79.6
莫斯科	15.8	59.1	73.0	83.0
	21.1	75.9	56.6	89.5
下诺夫哥罗德	15.4	60.7	90.4	84.4
	8.0	51.1	76.2	77.8
雅罗斯拉夫尔	10.7	48.1	61.6	55.2
	14.3	54.5	61.5	61.8

表 4 – 10b 产值超过 300 万卢布和工人超过 2000 人的超大型
企业在食品工业各项指标中所占比例

单位：%

省份	1	2	3	4
莫斯科	7.9	34.1	54.5	74.7
	9.2	51.8	33.0	78.5
下诺夫哥罗德	7.7	43.9	76.9	68.1
	6.0	44.5	65.4	72.8

表 4 – 10c 产值超过 100 万卢布和工人超过 50 人的企业
在食品工业各项指标中所占比例

单位：%

省份	1	2	3	4
特维尔	52.3	64.0	76.7	80.4
科斯特罗马	45.8	62.2	78.3	80.2
弗拉基米尔	24.5	20.7	45.4	44.1

研究集中程度较低领域的集中过程，需要更换分组指标，通过分析矿物质加工企业的数据已经证实了这一点。年产值超过 100 万卢布的矿物质加工企业在彼得堡省、莫斯科省、特维尔省和下诺夫哥罗德省都存在。1909 年，在彼得堡省，此类企业的生产和劳动力集中过程表现得并不明显：只集中了该领域劳动力的 5.4%、产值的 15.28%。1914 年，这两项指标分别达到了 20.88% 和 45.32%。在莫斯科省，有两个超大型企业，两个企业的总产值达到 1400 万卢布。1914 年，这两个工业企业集中了莫斯科省该领域半数以上的工人阶级（55.25%）、42.63% 的产值。整体来看，在莫斯科省，年产值超过 100 万卢布的大型工业企业集中了 64.27% 的劳动力、82.13% 的发动机功率和 60.59% 的产值。

在特维尔和下诺夫哥罗德省有一个大型的矿物质加工企业。该企业在两省的工业生产中发挥了重要作用，集中了该领域企业总产值的 1/3 以上。然而，此类工业企业在矿物质加工领域并不具有代表性，这里大量的工业企业是中等规模。很多工厂（主要是砖厂）工人数量很多，但产值很低。因此，将该领域的中型生产部门的标准确定为产值超过 10 万卢布，工人超过 100 人是合适的。

正如表4－11所示，在所有省份中型企业生产和劳动力的集中程度都很高，而且表现出一种趋势，即生产集中比劳动力集中更占优势。

表4－11　矿物质加工领域的中型企业指标

省份	产值超过10万卢布和工人超过100人的中型企业在该领域中所占比例（％）			
	在工人数量中		在产值中	
	1909年	1914年	1909年	1914年
弗拉基米尔	56.9	62.8	60.3	64.4
科斯特罗马	22.9	52.5	31.4	53.6
下诺夫哥罗德	7.5	67.3	37.2	76.4
特维尔	55.2	50.5	55.2	63.5

研究圣彼得堡地区和中部工业区各领域的劳动力和生产集中问题，需要评价各类企业在所属省份工业中的作用，同时要分析1909～1914年企业指标的变化情况。[①] 统计数据（详见表4－12）表明，在各省产值和工人数量中占比最高的是超大型企业，超大型企业发挥的作用也在不断增大。同时，大型企业的较高地位保持得非常稳定。通过调整产值和工人数量指标对大型企业进行更全面的研究，甚至可以证明，在这一地区的所有省份大型企业均

表4－12　小型、中型、大型和超大型企业在中部工业区和圣彼得堡地区的分布状况

省份	在省内所占比例（％）					
	产值在10万卢布以内和工人在50人以内的小型企业			产值为10.1万～100万卢布和工人为51～500人的中型企业		
	1	2	3	1	2	3
彼得堡	46.8	7.3	4.1	42.3	29.5	23.4
	46.4	6.3	2.7	40.6	25.0	17.6
莫斯科	50.1	7.8	3.8	25.8	27.9	22.2
	49.4	6.6	2.7	39.7	23.1	17.3
弗拉基米尔	55.1	4.4	2.3	28.2	11.6	10.1
	58.8	4.2	2.4	25.6	11.4	9.0

---

① Там же. С. 184－196.

续表

省份	在省内所占比例（%）					
	产值在 10 万卢布以内和工人在 50 人以内的小型企业			产值为 10.1 万~100 万卢布和工人为 51~500 人的中型企业		
	1	2	3	1	2	3
科斯特罗马	62.3	5.4	3.2	22.4	16.0	11.6
	66.3	5.9	3.7	20.4	7.1	8.6
下诺夫哥罗德	60.5	8.0	4.4	31.9	17.1	16.7
	69.7	11.5	6.0	24.6	21.4	20.3
特维尔	69.8	10.3	7.6	26.4	18.2	18.8
	70.9	8.8	6.4	23.1	12.0	14.1
雅罗斯拉夫尔	56.4	9.6	6.0	35.0	23.1	30.7
	51.6	7.7	4.0	38.0	22.0	25.0

省份	在省内所占比例（%）						
	产值超过 100 万卢布和工人超过 500 人的大型和超大型企业			产值为 100.1 万~300 万卢布和工人为 501~2000 人的企业		产值超过 300 万卢布和工人超过 2000 人的企业	
	1	2	3	2	3	2	3
彼得堡	10.9	63.2	72.5	23.4	25.7	39.8	46.7
	13.0	68.8	79.7	23.1	22.5	45.7	57.1
莫斯科	9.9	64.3	80.1	22.3	20.2	42.0	53.7
	12.0	70.3	80.1	24.3	21.0	46.0	59.1
弗拉基米尔	16.7	84.0	87.5	18.9	16.5	65.1	71.0
	20.4	84.3	88.6	18.2	15.3	66.2	73.3
科斯特罗马	15.2	83.9	85.1	23.3	20.9	60.5	64.3
	13.2	87.0	87.7	15.2	21.6	61.9	66.1
下诺夫哥罗德	7.6	74.8	78.9	7.2	12.0	67.7	66.9
	5.7	67.0	73.7	8.6	10.6	58.4	63.1
特维尔	4.9	71.0	73.5	13.2	13.7	57.8	59.8
	5.9	79.1	79.5	12.0	13.3	67.1	66.1
雅罗斯拉夫尔	8.6	67.3	63.2	20.4	34.1	46.9	29.1
	10.4	70.2	70.9	17.1	23.2	53.1	47.8

注：①每个省第一行是 1909 年的数值，第二行是 1914 年的数值。
　　②指标名称：1——在企业数量中所占比例，2——在工人数量中所占比例，3——在产值中所占比例。

占主导地位。分析小型和中型企业发展动态数据，可以对洛巴诺娃的研究进行有效的补充。虽然 1909～1914 年小型企业在彼得堡省、莫斯科省、特维尔省和雅罗斯拉夫尔省的总产值中所占比例有所降低，但是它们的绝对指标仍在增长。

总之，上述研究结果表明，大型和超大型企业的作用和效能在提高，但是在一些领域和生产部门集中过程具有特殊性，需要区别看待不同工业领域中的大型企业的作用问题。当时集中过程的展开是以中小型企业的规模发生根本性改变为背景的，中型企业在一些工艺特征突出的领域中仍然保持着较高地位。值得强调的是，生产集中的加强并不意味着小型企业的绝对数量在减少，常常是在这些企业规模不断扩大的同时还会不断出现一些小企业。

上述研究的贡献不仅在于对俄国工业集中问题进行了研究，而且提供了处理信息手册出版物数据的新方法，完善了企业分组方法。我们将对使用的方法进行总结，并指出此种方法可能需要进一步改进的方面。

按工人数量对企业进行分组有助于系统地研究劳动力的集中过程，工人数量是评价生产规模的重要参数，因为一些领域和生产部门工人数量很多。此外，应该指出的是，按工人数量划分不同类别的企业是存在一定的社会差别的。列宁非常重视这一问题，他指出："统计资料提供的不应该是随意的几行数字，而是应该对所研究现象的各种社会类型进行数字性的阐释，这些现象要么是过去在生活中显现出来的，要么是正在显现的。毫无疑问的是，从社会的角度来看，拥有 50 人和 500 人的企业属于不同的社会现象。"[①] 按工人数量分组，目前的最低区间是 15～20 人。同时应该指出的是，在 19 世纪 90 年代之前以及更早时期，各领域和生产部门存在很多小型企业，为了获得相对精确的企业工人数量平均值，必须更细致地进行分组。需要准确地甚至是有目的性地对工人将近 15 人的和多于 50 人的企业，以及人数更多的企业进行补充性分组。在调查过程中可以发现，除了上述情况外，还有一些小型企业划分不够准确，竟然将工人达到 50 人的较大企业划入了小型生产

---

① Ленин В. И. Поли. собр. соч. Т. 22. С. 32.

单位。很多研究者在研究工业集中过程时，多将注意力集中到更有意义的区间——工人超过 2000 人的超大型企业，对前一个更为宽泛的区间——工人超过 1000 人的企业重视不够。同时对工人为 100~500 人的大型企业区间进行了细分，划分出了 250~500 人这一新的区间。正如之前的材料表明的那样，对大的区间进行细分有助于更细致地研究大型和超大型企业的发展动态，更准确地判断每组企业的作用。

正如多数研究者所注意到的，按产值进行分组（或者按生产总值）是企业分组更为通用的指标，可以更为准确地区分各组企业之间的差异，同时可以更准确地、动态地反映工业生产规模的扩大。通过处理数据可以发现，按产值划分的各组企业的范围，在不同的领域和生产部门存在很大的相似性。这有助于划分小型、中型、大型和超大型企业，不同领域的企业在这一指标上比较相近。同时，有研究表明，20 世纪初，这一指标发生了根本性变化，超大型企业的标准提高了——超过 300 万卢布（之前是超过 100 万卢布），甚至是小型企业的标准也提高了——达到 5 万卢布。小型企业的最新标准仅适用于个别部门的企业分组，因为在生产体系中还有更低的产值。

在按两个指标对企业进行分组时，产值指标是最基本的，而"工人数量"只是作为校正的指标。在研究某一领域的生产集中问题时，按照这一原则划分企业，是以特别传统的企业分组标准为基础的。例如，第一组企业产值需达到 5 万卢布，工人达到 20 人；第二组企业分别为 5.1 万~10 万卢布和 21~50 人；第三组分别为 10.1 万~35 万卢布和 51~100 人；第四组分别为 35.1 万~75 万卢布和 101~250 人；第五组分别为 75.1 万~100 万卢布和 251~500 人；第六组分别为 100.1 万~200 万卢布和 501~1000 人；第七组分别为 200.1 万~300 万卢布和 1001~2000 人；第八组分别为超过 300 万卢布和超过 2000 人。使用产值指标划分那些工艺相对简单、机械化程度较高、工人数量较少的生产单位时，就需要通过其他指标校正，尤其是工人数量指标。磨面企业就属于这类生产单位。一个磨坊的平均工人 1895 年为 15 人，1908 年为 28 人，1914 年为 34 人。即使在大型磨坊，工人一般也不超过 200 人。这就意味着，如果按工人数量进行分组，标准必须大幅度降低，否则会导致按两个指标进行分组形成了完全不同的组合。正如费多罗娃的研究结果所表明的，1895～1914 年，按每个指标进行分组，其标准都发生了很大变化[1]。1895 年，磨坊按产值分成了四组：分别为 1 万卢布以内，1 万～10 万卢布，10.1 万～50 万卢布，超过 50 万卢布；按工人数量也分成了四组：5 人以内，6～14 人，15～50 人，50 人以上。1914 年，磨面企业的分组标准明显提高。按产值划分，企业分成了四组：10 万卢布以内；10 万～50 万卢布；50.1 万～100 万卢布，超过 100 万卢布；按工人数量划分，只分成了三组：15 人以下，16～50 人，50 人以上。

在统计学中，这种分组方法被确定为"专业的间隔方法，这一想法是列宁提出的。这个方法的本质在于，将整体划分成相同的类别（领域、经济类型等），每一类都有自己的间隔尺度"。[2] 列宁强调："不能用同一标准衡量大型和小型的草场种植者经济、菜园主经济、烟草种植者经济、牧场主经济……"[3]

在使用和进一步制定企业分组方法的过程中，大部分研究者系统地将企业划分成若干类型和等级，相应地分成小型、中型和大型企业，这有助于对某个行业甚至某个地区的工业集中过程做出更有针对性的评价。上述类别的划分有助于反映大型工厂工业内部各类企业共存的复杂情景，以及小型企业产生和活动的持久性。我们应该重视相应类型企业形成的特点，以及这种信息处理方式可能需要改进的方面。首先应该指出的是，在整个研究过程中，划分超大型企业是对小型、中型和大型企业这一传统划分方法的补充，有助于更为准确客观地反映集中过程，尤其是在棉花加工、冶金、金属加工和机器制造等领域。同时，需要进一步处理好小型、中型和大型生产单位之间的界限。目前在上述企业类别当中，一般来讲，只有中型企业的范围受到了限

① Федорова Л. Н. Мукомольное производство России в конце XIX – начале XX вв. （методы обработки статистических и справочно – информационных изданий）. Рукопись канд. дисс. М. , 1993.

② Количественные методы в исторических исследованиях. М. , 1984. С. 83.

③ Ленин В. И. Поли. собр. соч. Т. 17. С. 121. См. также: Т. 3. С. 342 – 343.

制。可能这是小型企业工人数量（达到 50 人）和产值（达到 5 万卢布）上限提高的结果。因此必须对该组企业进行细分，扩大中型生产单位的范围，准确地说，甚至需要重新调整大型企业的标准，尤其是到 1914 年，生产规模的扩大需要提高大型企业的下限。为解决上述问题，需要进一步明确各领域企业的分组指标，对生产单位进行类型学研究。

分析平均指标有助于更深入地揭示工业集中过程的特点。通过平均值可以对社会经济现象做出重要的数字评定，它反映的是大量同类企业发展的总结果，平均值不凸显差别，是对现象的总结。然而平均值过于简要，无法体现个体的差异和特点。列宁认为平均方法具有很重要的意义，他将平均方法与分组方法结合起来使用，即在统计一些重要指标存在本质差异的同类企业时，对企业的相关指标进行分析。通过相应的企业分组计算企业的工人数量平均值、产值、动力装备率的平均值，计算工人的平均产值和动力装备率。这些数据有助于更有针对性地分析生产规模扩大过程，划分出生产集中趋势表现得更为明显的企业。

在使用企业分组方法的实践中，确定各组企业在企业数量、产值、工人数量和发动机功率中所占比例，是评价大型和超大型企业的作用和意义的一个重要指标。得出的结果有助于判断生产的集中程度。然而，若想更直观地评价集中水平和集中动态，只有借助于定量方法，包括计算基尼系数。

使用统计数学分析方法，文献中在很大程度上是与研究集中过程联系在一起的，同时也是与研究俄国工业内部结构，研究某些领域和生产部门相联系的。为了解决这些问题，历史学家们尝试使用相关分析方法。[①] 研究者们

① См., например: Массовые источники по социально - экономической истории России периода капитализма. С. 83 – 86: Грико Т. И. Промышленная статистика нредпринимагсльских организаций российской буржуазии (конец XIX в. – 1914 г.). Рукопись канд. дисс. М., 1980. С. 175 – 182; Мурашев А. А. Структура и динамика развития металлообрабатывающей промышленности России в конце XIX – начале XX вв. (Опыт количественного анализа). Рукопись канд. дисс. М., 1988. С. 105 – 117. Лобанова К. В. Общероссийские статистические публикации о промышленности начала XX века. Рукопись канд. дисс. М., 1990. С. 233 – 248. См. также другие указ, выше　（转下页注）

认为，俄国工业中有两个主要领域——棉花加工和金属加工领域。

由于米洛娃（О. Л. Милова）对1900年和1908年普查汇编出版物数据进行过分析，因此数据不是以单个企业为单位来公布的，而是以省份为单位进行公布的，即省内所有棉花加工和机器制造企业的总指标。研究普查材料有助于从根本上扩大指标范围，我们选取了31个指标①，包括生产总值和订货进款（1），发动机功率（2），设备总价值（3），原料和燃料开支（4），工资开支（5）。这些都是按单个企业计算的，而1、2、3、5这几个指标还按单个工人进行计算。相关分析表明，所有的基本生产要素之间存在很强的（围绕0.89~1波动）相互依存关系，需要从不同的方面去评价企业的生产规模、产量和生产能力。米洛娃认为："紧密的相互关系说明资本主义生产的基本要素是平衡的，无论是重工业（机器制造），还是轻工业（棉花加工）都是如此。这一点可以证明资本主义的生产方式是高度成熟的。"②

通过分析在整理欧俄所有省份（波兰除外）工业普查资料时获得的数据，这些结论得到了证实。生产总值（1），工人数量（2），发动机功率（3），设备总价值（4），燃料成本（5）（上述指标是按单个企业计算的），单个工人的生产总值（6），这些指标之间的相互依存度非常高，这种情况不仅在加工工业发达省份，而且在工业欠发达省份也是如此（详见表4 –

（接上页注①）работы А. А. Мурашева. Интересный опыт количественного анализа внутренней структуры хлопчатобумажной и машиностроительной промышленности в 1900 г. 1908 гг. представлен в исследованиях: Милова О. Л. Промышленные переписи 1900 и 1908 гг. как источник. для изучения положения рабочего класса России. Рукопись канд. дисс. М., 1982. С. 134 – 176; Она же. Промышленная перепись 1900 г. как источник для изучения положения рабочего класса（опыт количественного анализа）// Математические методы в социально – экономических и археологических исследованиях. М., 1981; Она же. Положение рабочих хлопчатобумажной и машиностроительной промышленности по материалам промышленной переписи 1900 г.（к вопросу о применении корреляционного анализа）// Пролетариат Центрального умышленного района в революции 1905 – 1907 гг. Ярославль, 1982.

① Милова О. Л. Указ. соч. // Математические методы... С. 163.
② Там же. С. 169.

13）。上述结果表明，工厂中心的形成和发展在结构上是一致的，在20世纪初，作为俄国工业最发达的地区，欧俄加工工业的整个体系都具有一致性。

表 4 - 13　1900 年欧俄某些省份加工工业指标间的相互关系（相关系数）

序号	1～5 组省份*				
	1	2	3	4	5
1	X	0.84	0.87	0.92	0.85
2	0.85	X	0.83	0.81	0.74
3	0.85	0.78	X	0.85	0.83
4	0.91	0.79	0.90	X	0.88
5	0.78	0.66	0.97	0.86	X
5 组省份					

* 省份分组结构参见本书第三章。

　　其他方面需要使用相关分析方法的是，分析俄国加工工业各类企业之间的相互关系。信息手册出版物可以作为文献资料来使用，手册中的数据决定了指标的取舍：单个企业产值、工人数量、发动机功率、单个工人产值、发动机功率，甚至单个发动机的功率、单位功率的生产总值。穆拉舍夫对欧俄地区大型企业的内部结构进行了分析，计算了1884 年、1890 年和1895 年的指标。借助于相关分析对数据进行处理，一方面证明了在金属加工领域按工人数量（100 人以上和1000 人以上）对大型企业进行分组这一传统做法的合理性，另一方面有助于揭示各组企业的整体特征和内部结构差异，特征和差异表现在基本生产组件的平衡程度上。格里科对包括冶金和金属加工单位在内的两组企业经济技术指标之间的相互关系进行了分析，这两组企业是根据它们的特征进行划分的。第一组企业多是1861 年之前成立的，主要分布在彼尔姆省和波罗的海沿岸地区，而第二组企业多是19世纪末20 世纪初成立的，主要分布在彼得堡省和南部地区。结果表明，上述两组企业的部门结构是高度平衡的，第二组"新"企业生产要素之间的联系更紧密。与19 世纪下半期的数据相比较可以发现，相关系数的数值在提高。

113

　　洛巴诺娃在作品中对某些工业企业的结构进行了相关分析。她对圣彼得堡地区整个加工工业中的小型、中型、大型和超大型企业指标之间的相互关系进行了分析。结果证明，分布在各个地区的加工工业企业，它们的基本生产指标是平衡的。

　　研究俄国工业整体结构，某些领域和部门的结构问题，必须使用原始数据。因为这涉及俄国工业体系中大型、中型和小型企业的生产能力问题。从这些资料中可以看出，信息手册出版物在数据收集过程中受到了限制，这不利于形成更为完整和具有代表性的指标清单。这种情况再次迫使我们使用普查汇编出版物，汇编出版物中包含有关工业生产的各种不同的评价，其任务是提炼关于工厂企业的信息。本书第一章提到过从普查材料中获取有关私营企业信息的可能性问题。1908 年的普查数据将私营企业分成了 8 组（详见附件Ⅳ）。它们的编排和挑选原则是这样的。考虑到在历史文献中存在使用定量方法研究工业发展过程的传统，因此将有关棉花加工企业的数据分成三组，将有关金属加工企业的数据分成三组。此外，为了评价棉花加工工业中各企业之间相互关系的特点，又成立了两个监察组以便监督其他纺织部门的生产。一组包括呢绒工厂的数据，另一组包括麻纺企业、亚麻织布企业、大麻织布企业以及亚麻加工作坊的数据。此外，正如本书第一章所指出的，不同领域中企业的平均规模是存在差异的，因此我们选取的是那些符合上述条件的生产部门。棉花加工领域的第一组企业包括棉制品生产部门 18 个企业的数据，该部门在俄国共有 55 家企业，它们的平均值是：产值 6.3 万卢布，24 名工人，发动机功率 46 马力，原料开支 4.5 万卢布，燃料开支 3000 卢布，工资开支 4800 卢布。我们选取的几组企业的指标要高于平均值，分别为：10.9 万卢布，24 名工人，32.8 马力，8.5 万卢布，4100 卢布，5900 卢布。第二组包括 20 个大型纺纱企业，纺纱—织布企业和作坊。它们反映了棉花加工领域三类生产部门的发展水平。第二组企业的平均值如下：年产值 620 万卢布，3000 多名工人，发动机功率几乎达到 3000 马力，原料开支在 400 万卢布左右，燃料开支为 16.3 万卢布，支付工资 70.6 万卢布。第二组中有代表性的生产单位的平均值分别为：200 万卢布，400 万卢布，670 万卢布；800

名工人，2800 名工人，4000 名工人；1200 马力，2300 马力，3000 马力；140
万卢布，260 万卢布，430 万卢布；6.37 万卢布，12.6 万卢布，30 万卢布；
18.17 万卢布，56.82 万卢布，95.63 万卢布。最后，第三组企业（15 家企业）
包括各个生产部门的普查汇总表中所有有代表性的私营企业，列入第一组和
第二组的企业除外。企业的挑选具有偶然性。第三组企业的平均值低于整个
行业的平均值：58.77 万卢布，277 名工人，发动机功率 217 马力，原料开支
35.8 万卢布，燃料开支 1.43 万卢布，支付工资 5.94 万卢布。

　　18 家蒸汽机车车辆制造企业中有 17 家被列入金属加工领域的第一组企
业。华沙省的一个企业与该组平均指标（生产总值为 26.7 万卢布，共有 96
名工人）相差很大，具体如下：年产值几乎达到 500 万卢布，拥有 2800 多
名工人，发动机功率达到 3000 马力，原料开支为 250 万卢布，燃料开支为
31.2 万卢布，支付工资 160 多万卢布。华沙工厂的平均值低于该组的平均
值，但燃料开支除外：燃料开支超过 70 万卢布。有 15 家铸铁企业被列入第
二组，它们规模并不大：2.03 万卢布，25 名工人，发动机功率 15 马力，原
料开支 8000 卢布，燃料开支 2500 卢布，支付工资 6000 卢布。包括 171 家
企业在内的整个生产部门的平均指标如下：7.4 万卢布，65 名工人，发动机
功率 26 马力，原料开支 3.2 万卢布，燃料开支 5700 卢布，支付工资 2 万卢
布。这组主要由小企业组成，这是该生产部门的典型特征，《1908 年清单》
也证实了这一点。通过观察可以发现，大约有 70 家铸铁企业产值不超过 2
万卢布，工人不超过 30 人，大约有一半企业生产总值低于 1 万卢布。第三
组由 13 家农业机器制造企业组成，指标如下：生产总值 2.23 万卢布，29
名工人，11.4 马力；原料开支 8800 卢布，燃料开支 1500 卢布，支付工资
7000 卢布。最初该组有 15 家企业，但是因为其中两家企业规模较大，指
标波动幅度较大（变化系数从 197% 到 225%），因此它们在随后的分析过
程中被排除。上述生产部门（共有 218 家企业）的平均值如下：年产值
12.3 万卢布，84 名工人，发动机功率 31 马力，原料开支 5 万卢布，燃料
开支 4000 卢布，支付工资 3.37 万卢布。《1908 年清单》资料显示，在这
一生产部门还有大约 30 家企业，它们的年产值低于 5 万卢布，工人数量不

超过 30 人。

亚麻加工企业小组包括 14 家大型和超大型企业；该组指标的平均值很高：生产总值超过 200 万卢布，工人超过 2600 人，发动机功率超过 1400 马力，原料开支超过 100 万卢布，燃料开支 9.42 万卢布，支付工资约 47 万卢布。三个生产部门（共有 39 家企业）的指标较高，在组内具有代表性，具体如下：产值从 80 万卢布到 280 万卢布，工人从 800 人到 3000 人，发动机功率从 300 马力到 2000 马力，原料开支从 50 万卢布到 150 万卢布，燃料开支从 2.4 万卢布到 11.3 万卢布，支付工资从 10 万卢布到 50 万卢布。

呢绒工厂被划入第 8 组，指标明显低于该组企业的平均值：产值 24 万卢布，240 名工人，发动机功率 130 马力，原料开支 13.36 万卢布，燃料开支 1.67 万卢布，支付工资 4.32 万卢布。呢绒生产部门（共有 175 家企业）的平均值如下：年产值 47.8 万卢布，330 名工人，发动机功率 227 马力，原料开支 30 万卢布，燃料开支约 2 万卢布，支付工人工资 6.08 万卢布。

在 6 个绝对指标——产值、工人数量、发动机功率、原料开支、燃料开支和工资开支的基础上，还有相对指标，共计 13 个指标。指标清单如下：产值（1），工人数量（2），发动机功率（3），原料开支（4），燃料开支（5），工资开支（6），这几个指标都是按单个企业计算的。还可以按单个工人计算产值（7），发动机功率（8），工资开支（9）。此外，还有按单位功率计算产值（10），按单位发动机功率计算燃料开支（11），按单位原料开支计算产值（12），按单位工资计算产值（13）。需要注意的是，前 6 个指标是按单个企业计算的，因此这些指标实际上是绝对数值。

上述 8 组企业已经计算出了相关系数。此外，农业机器制造企业小组还有两个变体：15 个企业和 13 个企业。在附录 V 中有总数。结果再次清晰地表明，在所有小组内生产技术要素之间都存在密切的关系（系数接近 1），与组内企业所属行业和类型（小型、中型和大型）无关。比较特殊的是农业机器制造和铸铁部门，这两个部门的企业发动机功率指标与其他指标没有关系。从上述两个部门中企业的特点来看，出现这种现象是很正常的。同时，在计算农业机器制造部门相关系数时是按 15 个企业计算的，也就是说有 2 个大型企业被列入其中，这明显改变了整个系数，系数实际上已经达到了 1。其他指标的相关程度明显不同，有些指标相关，有些不相关。① 同时，在某些小组内各方面的相互联系很少。整体来看，联系非常紧密的（系数围绕 0.71~1.0 波动）和相对紧密的（系数围绕 0.5~0.7 波动）指标数量很多。正是这两组企业成为专门研究的对象。

　　为了更直观地展现图表中各项指标的相关程度（详见表 1-8），首先应该注意的是，实际上在分属于不同生产部门的各组企业中，都存在有些重复的特殊的关系节点。其中，比较突出的是第 7 个指标（单个工人的产值）、第 10 个指标（单位功率的产值）、第 13 个指标（单位工资的产值）。在一些组内，这些指标（所有的棉花加工工厂、呢绒工厂、蒸汽机车制造企业、铸铁企业）之间的联系是存在逻辑关系的，而在有些组内这些指标（棉制品生产部门、棉花加工企业）之间的关系则是补充性质的，形成了特殊的广义上的关系节点。只有在亚麻纺纱和亚麻织布部门，单个工人产值和单位功率产值之间不存在联系。这两个部门与呢绒生产部门相似，较为突出的是第 9 个指标（单个工人工资）之间的相互关系。

　　对图表进行比较分析可以发现，在中小企业分布广泛的生产部门（棉制品生产、农业机器生产），以及在各领域中有代表性的"模塑品"小组（棉花加工领域的混合小组），指标之间的联系都是特别紧密的。同时应该注意的是，在棉花加工业中，不同生产部门的三组企业在关系体系中存在相似性。这说明组成上述领域的生产单位存在高度的一致性，正如很多研究者所指出的，棉花加工与金属加工领域不同，金属加工领域由不同种类的生产单位组成。在这个系统中，较为突出的是单位功率产值指标（10）。在纺纱企业、纺纱—织布企业，以及所有的纺织工厂，单位功率产值指标与企业总产值、单个工人产值、工人数量、原料开支、单个企业工资开支等指标是正相关的关系，而与工人的动力装备率指标是负相关的关系，甚至棉制品生产

————————————

　　① 分析所获结果的目的就是指明各项指标之间是存在相似性，还是存在差异性。只有通过对每个生产部门的专业研究，才能对相关系数的所有数值进行实质性分析。

部门也在积极地使用单位功率产值这一指标，只是与其相关的指标数量和清单发生了变化。在棉花加工业的混合小组中也存在类似情况。

在铸铁生产部门，单位功率产值与其他指标的相互关系也存在一定的相似性。而且与棉花加工业相比，铸铁生产部门的单位功率产值与其他指标的相关程度更高（相关系数分别为 0.74 和 0.78）。在蒸汽机车制造领域，单位功率产值指标与其他指标的关系以反相关为主：单个企业的发动机功率（3），燃料开支（5），单个工人发动机功率（8）。这种关系性质在一定程度上也可以反映出 1908 年该生产部门的危机处境，当时在动力设备增加的情况下，全俄工厂的蒸汽机车和车厢的产量都出现了减少甚至是下滑的趋势。

对各领域和生产部门的个别企业的普查汇编出版物资料进行整理表明，这些材料信息量很大，目前只是刚刚开始使用这些数据。同时，对一些生产部门的水平进行相关分析，迫使我们再次关注行业体系中生产部门的性质和类型问题，行业是在以相应的工业类别为基础的俄国统计学中形成的。1900年和 1908 年对某些领域和生产部门进行的初步估算表明，在集中程度很高的生产领域内部已经出现了根本性的分化，当时在集中程度很低的生产领域也可以找到大企业占绝对主导地位的生产部门。

表 4－14 的资料表明，在众多行业当中平均指标较高的是亚麻加工、金属加工、化学工业等生产部门，但它们的集中程度也存在很大差异。例如，大麻打麻生产企业 1904 年的产值仅相当于该行业平均产值的 1/4，工人数量仅相当于该行业平均值的 1/6。这种脱节在 1908 年表现得更为突出（分别为 1/9 和 1/11）。当时只有一小部分麻纺工厂产值高于平均值 6～7 倍，工人数量高于平均值 6 倍。这种脱节现象在化学工业中也存在，其中典型的是产值和工人高度集中的橡胶生产企业和少量的印染企业。印染企业占该行业企业总数量的 1/3，1900 年和 1908 年产值和工人数量的平均值仅相当于整个行业的 1/3～1/2。同时，1900 年全部 6 个印染企业平均产值为 470 万卢布，共集中 1500 名工人。1908 年这些指标还在提高，分别达到 1080 万卢布和 2000 名工人。

表 4 – 14 1900 年和 1908 年一些生产部门的企业平均规模

领域及生产部门	企业平均规模		工人平均产值
	产值(千卢布)	工人数量(人)	
Ⅰ．棉花加工	727.7	547	1.3
	972.1	520	2.6
棉制品	61.0	24	2.5
	63.0	24	2.5
纺纱	1050.0	696	1.5
	2005.5	794	2.5
制线	610.0	218	2.8
	473.5	116	4.0
纺织	2519.4	2577	1.0
	4068.6	2758	1.5
染织装饰	818.3	223	3.7
	1030.2	237	4.3
Ⅳ．亚麻、大麻、黄麻加工	130.6	149	0.8
	343.0	329	1.0
大麻打麻	30.5	23	0.6
	37.3	30	1.2
亚麻纺织	844.5	904	1.0
	923.3	740	0.7
Ⅵ．造纸和印染工业	75.0	67	1.1
	99.1	66	1.5
纸张生产	280.0	179	1.6
	426.0	233	1.8
空烟筒	30.2	84	0.4
	50.6	34	1.5
印刷厂、石印所	40.0	43	0.9
	48.5	43	1.1
Ⅶ．木材加工	68.4	58	1.2
	49.3	65	1.3
制材、锯板	74.3	52	1.4
	65.4	45	1.5

领域及生产部门	企业平均规模		工人平均产值
	产值(千卢布)	工人数量(人)	
制木桶	42.0	38	1.1
	37.0	38	1.0
Ⅷ. 金属加工	207.0	133	1.5
	322.9	234	1.4
A. 金属加工和机器制造	393.1	231	1.7
	380.3	196	1.9
铸铁	64.1	52	1.2
	73.5	65	1.1
铁铸钢	1453.0	666	2.2
铸钢	1371.2	818	1.7
轧管	2140.7	1004	2.1
	1855.2	712	2.6
机器和机械制造	240.6	181	1.3
	321.7	182	1.7
蒸汽机车车厢制造	6568.5	4009	1.6
	4739.2	2704	1.7
造船、修船	190.0	217	0.8
	257.8	252	1.0
锅炉制造	473.0	233	2.0
	209.5	110	1.9
农业机器制造	74.0	69	1.1
	122.6	84	1.5
B. 金属生产、金属制品	77.0	65	1.5
	95.8	75	1.3
大钐刀、铁锹、大权的机器生产	134.4	101	1.3
	162.7	125	1.3
小五金和锁	63.0	81	0.7
	106.0	108	1.0
Ⅸ. 矿物质加工	50.6	81	0.6
	64.3	89	0.7
玻璃	119.5	189	0.6
	150.7	200	0.8

领域及生产部门	企业平均规模		工人平均产值
	产值(千卢布)	工人数量(人)	
陶瓷	215.1	405	0.5
	274.5	463	0.6
水泥	310.7	245	1.3
	422.6	233	1.8
制砖	21.8	50	0.4
	22.2	50	0.4
X．畜产品加工	89.2	41	2.2
	141.2	54	2.6
制革	87.2	42	2.1
	116.5	39	3.0
制肥皂,制蜡(用脂肪)	101.3	16	6.3
	135.0	17	7.8
硬脂蜡烛	1925.0	443	4.3
	2179.0	359	6.0
精制蜂蜡、蜡烛	170.4	25	7.0
	327.2	38	8.7
XI．食品加工 A	147.9	29	5.1
	185.8	49	3.8
磨面	183.7	25	7.2
	277.2	24	11.4
榨油	169.0	29	5.8
	258.6	38	6.7
淀粉和饴糖	97.4	36	2.7
	138.1	38	3.5
屠宰,油脂加工,松茶,(有传送、干燥、贮藏等设备的)大型粮仓	371.1	45	8.2
	368.1	34	10.7
XII．化学生产部门 A	262.0	86	3.0
	488.0	134	3.6

领域及生产部门	企业平均规模		工人平均产值
	产值(千卢布)	工人数量(人)	
化学	183.0	72	2.5
	302.3	87	3.4
燃料	113.5	43	3.7
	231.5	46	5.0
橡胶	4781.6	1430	3.3
	10799.6	2345	4.6

注：每个领域及生产部门的第一行是1900年的数据，第二行是1908年的数据。

在金属加工业中可以发现各种不寻常的现象，该行业平均指标并不是特别高：企业平均产值为20.7万～32.3万卢布，工人为133～234人。保证居民日常需求的生产部门，与满足工业自身在金属、轧管、运输工具（车厢和蒸汽机车）等方面需求的工业部门之间的整个波动幅度，都被这些平均指标所掩盖。1900年，后者（金属加工和机器制造）的产值是行业平均产值的1.9倍，是行业平均工人数量的1.7倍。生产日用金属制品（大钐刀、铁锹、刀具、锁、大权等）的生产部门指标明显低于平均值，平均产值是其产值的2.7倍，平均工人数量是其2倍。需要指出的是，即使在棉花加工等高度集中的领域，也存在相关指标低于平均值的生产部门（棉制品）。

那些平均指标不高的生产领域，它们的内部结构也应该得到重视，因为其中不乏规模较大的生产部门。例如，在矿物质加工领域中，比较突出的是陶瓷和水泥生产部门。1908年，这两个部门的企业平均产值分别约是该行业平均产值的4.3倍和6.6倍，工人数量分别是5.2倍和2.6倍。

总之，分析上述数据有助于发现生产部门在集中过程中表现出的复杂特征，有助于在集中过程中发现更多的细微差别，其中一些差别在行业层面是无法体现出来的。我们还应该注意到，对小型、中型和大型生产部门的效率和生产能力进行评价是非常复杂的。工人平均产量指标在一定程度上可以反映出另一层含义。正如表4-14所示，工人平均产量常常高于大型生产部门的平均值。因为在小型企业中，残酷的剥削很可能被掩盖起来，而且在统计过程中选择的企业规模往往是对其最为有利的。棉花加工领域的制线部门的指标，矿物质加工领域的水泥部门的指标，食品工业中的磨面部门的指标，都充分地证明了这一点。

接下来主要是确定生产部门的类型，并揭示它们的特点。为此，我们对俄国工业 12 个部门的 1908 年普查材料进行了整理。在信息加工过程中，将第 8 个部门（发电站和供水系统），以及从产品的角度来看具有重要特色的一些生产部门排除在外：金属加工业中的修理，洗衣，环卫，染坊，印刷厂等。此外，采掘工业部门也不做研究。普查材料中具有代表性的有：石油和天然气的开采，钻井等。一些生产部门因为规模太小被排除，当然，主要是因为指标选取上的差异。例如，位于弗拉基米尔省的 5 个平绒雕花工厂只是获得了订货款，一个发动机也没有；221 家蜜酒酿造企业产值很低（共计32.1 万卢布），也没有发动机。在某些情况下，业务相似、平均值相同的生产部门都联合在了一起。例如，空烟筒生产部门与纺纱部门，纸袋生产部门和信封生产部门，木偶生产部门与赛璐珞制品生产部门，木制模型制品生产部门与皮靴钉生产部门，都联合在了一起。

最后，由 165 个对象（生产单位或是生产单位联合组织①）组成的表格包含了 20 项指标，这些指标要么是从普查汇编出版物的表格中选取的，要么是通过计算得出的。这些指标反映的更多是生产部门的经济和技术方面。指标清单如下：企业数量；生产总值；工人总数量，主要生产部门的工人数量，某个领域的工人数量，女工数量；所有发动机的功率，燃油发动机的功率，水轮和涡轮发动机的功率，电动机的功率；原料开支，燃料开支；租赁发动机和厂房开支；支付工人工资，工人福利专项开支，开支总额。在获得的所有数据基础上计算出 30 个相对指标，这些相对指标有助于对一些生产部门进行整体评价，总结其特点，对其进行分类，确定其类型。较为突出的是按单个企业和单个工人计算的一些指标，计算出了某

---

① 附录Ⅵ中有它们的清单。

些指标所占比例。

相对指标清单如下。

1. 单个企业产值。

2. 单个企业工人数量。

3. 单个企业发动机功率。

4. 单个企业原料开支。

5. 单个企业燃料开支。

6. 单个企业租赁发动机和厂房开支。

7. 单个企业的行政开支。

8. 单个企业的工资开支。

9. 单个企业工人福利开支。

10. 单个企业向其他企业支付的订货款。

11. 单个企业所有生产开支[①]。

12. 单个企业的所有社会—生产开支[②]。

13. 单个企业的开支总额。

14. 单个企业的生产总值。

15. 主要生产部门单个工人的总产值。

16. 企业单个工人的发动机功率。

17. 单个工人工资。

18. 单个工人的所有开支。

19. 单位发动机功率创造的产值。

20. 单位原料开支创造的产值。

21. 订货进款在总产值中所占比例（％）。

22. 主要生产部门中的工人在工人总数中所占比例（％）。

23. 妇女在工人数量中所占比例（％）。

---

① 购买原料、燃料，租赁发动机设备和订货的开支总额。

② 行政办公、工人工资、工人福利费用开支总额。

24. 某个领域工人在工人总数中所占比例（％）。

25. 内燃机在发动机总功率中所占比例（％）。

26. 水轮机和涡轮发动机在发动机总功率中所占比例（％）。

27. 电动机在发动机总功率中所占比例（％）。

28. 原料开支在总产值中所占比例（％）。

29. 所有开支在生产总值中所占比例（％）。

30. 工人开支在总产值中所占比例（％）。

对指标间相互关系进行评价和分组可以发现，所有指标都很重要，而且每组指标之间存在很强的依赖关系（详见表4－15）。

表4－15　指标之间相互关系及其分组

小组序号	指标之间联系的平均值		负相关关系所占比例	组内信息指标	
	组内	组外		序号	联系的平均值
1	0.844	0.120	0.00	12	0.891
2	1.000	0.170	0.00	10	0.000
3	1.000	0.084	0.00	6	0.000
4	0.996	0.166	0.00	18	0.996
5	0.505	0.106	0.00	23	0.505
6	1.000	0.096	0.00	24	0.000
7	0.656	0.121	66.67	14	0.756
8	1.000	0.087	0.00	20	0.000
9	1.000	0.185	0.00	16	0.000
10	1.000	0.074	0.00	26	0.000
11	1.000	0.186	0.00	25	0.000
12	1.000	0.126	0.00	19	0.000
13	1.000	0.128	0.00	27	0.000
14	0.625	0.061	0.00	21	0.625
15	1.000	0.047	0.00	29	0.000

得出的指标计算结果有助于评价主要指标（第1～20、28、29、30项指标）中各生产部门之间的差异，以及与特殊要素（第21～27项指标）相关的一些特点。例如，通过计算订货进款在总产值（第21项指标）中所占比

例，可以发现很多生产部门与其他部门属于隶属性关系，在产品制造过程中完成的只是过渡性工序①。在羊毛加工（占79%）和丝织品加工领域（占98%）染织装饰部门就属于此类部门，在亚麻加工（占85%）和酒精提纯（占55%）领域漂白加工部门也属于这类部门。第22项和第24项指标决定了一些部门的特点。

从事辅助工作的工人比例②较高的生产部门有：毡靴（43%），丝织品（40%），缝制衣服、床上用品和领带（30%），木浆（32%），油毡（35%），马具鞍件（36%），制鞋（34%），基础化学（34%），炸药生产（65%），木材干馏（36%），制作人造燃料（55%），人造肥料（41%），石油提炼（48%），钢铁铸造（45%），炼铁和铁制品（45%），炼铜（62%），炼锌（57%），制作刀具（48%），伏特加酒厂（69%），白兰地葡萄酒厂（40%）。

表 4 - 15 的续表

小组序号	该组内指标序号										
1	1	13	11	4	12	7	8	3	2	9	5
2	10										
3	6										
4	18	17									
5	23	22									
6	24										
7	30	14	15								
8	20										
9	16										
10	26										
11	25										
12	19										
13	27										
14	21	28									
15	29										

① 指标的极限值为50。
② 极限值为30%。

在一些生产部门，这一指标与该领域工人比例较高有一定关系：毡靴（该领域工人数量占40%）、丝织品（38.5%）、裁缝（28.5%）、制作油毡（28%）、制鞋（27%）、制作人工燃料（23%）、木材干馏（14%）、钢铁铸造（20%）、炼铁和铁制品（20%）、炼铜（45%）、制作刀具（44%）。这个清单又添加了新的部门：漆皮制作和羊皮制革、熟皮部门（该领域工人数量占27%），火柴（20%），制针（21%）。有关各种类型发动机在各个生产部门分配次序的数据很有价值。使用电动机较多（占发动机总功率10%以上）的部门有：机器毛纺（12%），绦带制造（11%），拉制金线银线（22%），裁缝（19%），装订、空烟筒制作（26%），漆皮和羊皮制革、熟皮（10%），马具鞍件（16%），铸铁（12%），造船（13%），铁镀锡（18%），生产铁锹、大钐刀和其他制品（30%），制作白铁箱（19%），青铜艺术品（26%），物理学、光学、外科器械（26%），烤面包和制作糖果点心（19%），干酪、乳酪制作（17%），格瓦斯、醋和矿泉水生产（18%），烟草（13%）。

我们需要更细致地分析两个重要的经济生产指标——企业的产值和工人数量。

由于在第二章已经按企业产值和工人数量指标对行业进行了分组，因此现在我们还将按这些指标对生产部门进行分组。在数据处理的初始阶段，根据选取的两个指标的平均值，制定了更为细致和有针对性的分组标准。按产值分组标准如下：①不超过5000卢布；②5001～1万卢布；③1.1万～2万卢布；④2.1万～3万卢布；⑤3.1万～4万卢布；⑥4.1万～5万卢布；⑦5.1万～6万卢布；⑧6.1万～7万卢布；⑨7.1万～8万卢布；⑩8.1万～9万卢布；⑪9.1万～10万卢布；⑫10.1万～25万卢布；⑬25.1万～50万卢布；⑭50.1万～100万卢布；⑮100.1万～300万卢布；⑯300万卢布以上。按工人数量分组标准如下：①不超过10人；②11～15人；③16～20人；④21～30人；⑤31～50人；⑥51～100人；⑦101～250人；⑧251～500人；⑨501～1000人；⑩1001～2000人；⑪2000人以上。

我们在这些指标基础上划分了相应的生产部门小组，并根据这些指标对各生产部门在总数中所占比例进行了估算。通过计算不仅找出了几个初级的小组，而且得出了它们在总值中所占比例的最小值，同时还对这些小组进行了联合。最终结果反映在表4-16和表4-17中。

表4-16　按企业平均产值对生产部门进行的分组

分组	生产部门数量	企业数量	小组在总值中所占比例(%)	行业* 生产部门
不超过5万卢布	29	4922	4.4	II（12）；III（22）；IV（31,32,37）；VI（54,56,57）；VII（60,61,62,65,66,69）；IX（72,74,76）；XII（99）；X（83,84,91）；VIII（106,124,131,134,136）；XI（151,153,155）
5.1万~10万卢布	34	4292	6.6	I（2）；II（13,18,21）；III（23,24,26）；V（45）；VI（55,58）；VII（59,63）；IX（78）；X（80,85,89）；XII（95,100,103）；VIII（104,107,120,123,127,128,130,132,135,137）；XI（146,148,157,159,160）
10.1万~25万卢布	39	3341	12.3	I（11）；II（15）；III（28,29）；IV（34,40）；V（41,42,43,48,49,50）；VI（51,53）；VII（64,67）；IX（70,75,77）；X（79,86）；XII（94,101）；VIII（105,115,119,122,125,129,133,142）；XI（144,145,147,150,152,156,158,164）
25.1万~50万卢布	32	3727	25.4	I（1,4,5,6）；II（16,20）；IV（35）；V（44,46,47）；VI（52）；VII（68）；IX（71,73）；X（81,82,88,90）；XII（92,93,96,97）；VIII（112,114,118,121,126,139）；XI（143,145,149,154）
50.1万~100万卢布	7	370	8.9	III（27）；IV（33,36）；VIII（111,117）；XI（140,161）
100.1万~300万卢布	19	970	24.9	I（3,8,9）；II（14,17,19）；III（25,30）；IV（38,39）；X（87）；XII（102）；VIII（108,109,116,138,141）；XI（162,165）
300万卢布以上	5	140	17.4	I（7,10）；XII（98）；VIII（113）；XI（163）

* 附录VI对括号中标注的对象进行了解释。

128

表 4－17　按企业平均工人数量对生产部门进行的分组

分组	生产部门数量	企业数量	小组在总值中所占比例(％)	行业＊生产部门
不超过30人	23	6493	6.3	Ⅰ(2)；Ⅱ(12)；Ⅵ(54)；Ⅶ(62)；Ⅸ(74)；Ⅹ(83,84,85,86)；Ⅻ(103)；Ⅷ(107,124)；Ⅺ(143,144,145,146,148,151,153,155,157,159,160)
31~50人	34	5113	10.8	Ⅰ(1)；Ⅱ(13)；Ⅲ(22)；Ⅵ(31,32,37)；Ⅵ(57)；Ⅶ(59,60,61,65,66,69)；Ⅸ(72,76,78)；Ⅹ(79,80,89,90)；Ⅻ(94,95,99)；Ⅷ(106,128,131,136,137)；Ⅺ(146,150,152,154,156,158)
51~100人	37	2824	10.5	Ⅱ(15,18,21)；Ⅲ(24,26,28)；Ⅳ(40)；Ⅴ(42,43,45,50)；Ⅵ(51,53,55,56,58)；Ⅶ(63,67)；Ⅸ(88,91)；Ⅻ(92,97,101)；Ⅷ104,105,106,116,118,123,129,130,132,134,135,142)；Ⅻ(147,165)
101~250人	36	1922	16.1	Ⅰ(4,5,9)；Ⅱ(11,16)；Ⅲ(23,29)；Ⅳ(34)；Ⅴ(44,46,47,48,49)；Ⅵ(52,53)；Ⅶ(64)；Ⅸ(44,46,47,48,49)；Ⅻ(93,96,100,102)；Ⅷ(111,112,115,117,119,120.121,122,126,127)；Ⅺ(164)
251~500人	14	821	14.7	Ⅰ(6)；Ⅱ(20)；Ⅲ(27)；Ⅳ(35)；Ⅻ(68)；Ⅸ(71)；Ⅹ(81,82,87)；Ⅷ(108,114,139,140)；Ⅺ(161)
501~1000人	12	253	9.0	Ⅰ(3,8)；Ⅱ(14,17,19)；Ⅲ(25,30)；Ⅳ(33,36)；Ⅷ(109,110)；Ⅺ(162)
1001~2000人	4	201	11.8	Ⅳ(39)；Ⅷ(138,141)；Ⅺ(163)
2000人以上	5	132	20.4	Ⅰ(7,10)；Ⅳ(4,38)；Ⅻ(98)；Ⅷ(113)

＊附录Ⅵ对括号中标注的对象进行了解释。

按上述两个指标进行分组根本无法完全一致，因为有些生产部门的工人数量不多，但产值较高，反之亦然，而且指标之间的相互关系也是显而易见的。例如，在按产值划分的最低组，29 个生产部门中有 10 个同时也属于按工人数量划分的最低组（30 人以内），有 13 个属于下一组（50 人以内），只有 6 个生产部门工人数量较多，因为以手工劳动为主。这些生产部门包括：生产纸板制品、包裹糖果点心的透孔纸、卷烟纸、镜框和缘条、犄角制品等。实际上，最高组存在一些完全重合的生产部门。按产值划分最高组主要包括：纺织部门和整个棉花加工行业，橡胶生产部门，蒸汽机车制造厂和炼油厂，而按工人数量划分的最高组主要是整个亚麻加工行业，炼油企业被排除在外。但这两个部门属于相邻的两个组，而且亚麻加工部门特别接近最高组的标准——企业产值高达 290 万卢布。

对其他指标进行计算，有助于我们找出那些影响最高组中某些生产部门规模的因素。从发动机装备程度和工人的动力装备率来看，亚麻加工厂的这两项指标明显降低（企业的平均发动机功率为 1937 马力，工人的平均发动机功率为 0.64 马力），尤其是炼油部门指标更低（分别为 579 马力和 0.48 马力）。在棉花加工领域的两个部门，该项指标分别为 2337 马力和 0.85 马力，3063 马力和 0.79 马力；在蒸汽机车制造部门分别为 2850 马力和 1.06 马力；而在橡胶生产部门分别为 3069 马力和 1.31 马力。原料开支所占比例这一指标波动并不明显，在棉花加工的两个部门分别占 65.6% 和 63.6%，在亚麻加工部门占 51%，在蒸汽机车制造部门占 44.1%，在橡胶和炼油部门分别占 56.4% 和 81.7%，在这些部门原料开支占比特别高。工人福利开支指标表明，在某种程度上来说橡胶和炼油工业的产品附加值较高。在这两个部门工人福利开支在总产值中分别占 8% 和 4%，当时在棉花加工的两个部门分别占 15% 和 16%，在亚麻加工部门占 21.5%，而金属加工部门占 27%。

我们试图根据表 4 - 16 和表 4 - 17 中的材料，描述 20 世纪初俄国工业生产集中的整体趋势。为此我们需要预先判断企业的生产规模，即小型、中型、大型和超大型。小型企业产值不超过 5 万卢布，工人不超过 30 人。中型企业产值为 5.1 万 ~ 50 万卢布，工人为 31 ~ 250 人。大型企业产值为 50.1 万 ~ 300 万卢布，工人为 251 ~ 2000 人。最后是超大型企业，产值超过 300 万卢布，工人数量在 2000 人以上。生产单位的分布状况显示，小型生产单位在所有指标中所占比例并不高，包括在企业数量上也不占优势。这一状况反映了 1908 年的普查资料中信息的特点，但是不能确定小型生产单位在俄国工业劳动体系中发挥的作用。但毫无疑问的是，在注册工业的构成中，小型生产单位不仅在企业数量上不占优势，在产值和工人数量上更是如此，因为在生产单位总数中，小型部门数量并不多（23～29个）。在俄国整个工业结构中，占优势地位的是中型生产单位，它们（共有105～107个单位）占总产值的44.3%，占工人数量的37.4%。大型生产单位的数量也不多（26～30个），但它们在产值（33.8%）和工人数量（35.5%）上占有较高比重，而且企业数量很少，仅占7%。最能反映这一趋势的是超大型生产单位。仅有5～6个行业，130～154家企业，却集中了17.4%的产值和20.4%的工人。大型和超大型生产单位合在一起占产值的51.2%，工人数量的55.9%。

有一些论述是关于生产和劳动力集中指标间相互关系问题的。正如上述数据所示，相互关系最合理的是中型生产单位。相反，在超大型生产单位会出现劳动力过剩现象，小型生产单位也存在这一现象。可以发现，各组之间工人的分布是比较均匀的，只有在向最高组过渡时才会出现突增现象。产值集中指标正相反，向每组过渡时变化都很明显，实际上会增加1～2倍。通过表4-16和表4-17可以很清楚地发现，年产值为50.1万～100万卢布的小组，工人为501～1000人的小组都具有过渡性质。这需要进一步制定小组标准。

将所获得的数据与第二章的材料进行对比可以发现，棉花加工业、金属加工业、化学和食品工业中的一些部门规模较大，大型和超大型企业较多，体现在产值方面。棉花加工工业的集中程度一直较高，只有两个部门——棉制品和轧棉部门在产值和工人数量上属于最低组。同时在最高组还有一些生产部门，也有其他工业领域的，尤其是纺织领域。最高组包括：棉花加工领域的纺纱纺织部门和染色装饰部门、羊毛加工领域的精梳毛纺部门、羊毛制品生产部门、纺丝部门、丝织品染色部门、丝织品加工厂、麻纺部门、麻纺纺织部门、全部亚麻加工工厂、黄麻加工企业和硬脂精工厂。更为完整的工业部门结构反映在中型生产单位的最高组，实际上，除了丝织品加工外，所有的工业部门都属于该组。其中有代表性的是：棉花加工领域的轧棉、棉毛混纺、制线、织布部门，羊毛加工领域中的纺织和呢绒部门，带漂白装饰的亚麻纺织、拉制金线银线、家具材料、漆布—油毡部门，木材加工领域中的书写纸生产、制作木塞部门，金属加工领域的机器制造部门、轮船制造、铁镀锡、弹壳生产、炼铜、制作铁箱部门，陶瓷，水泥，马具鞍件，鞋，精制蜂蜡，服装加工，磨面，磨谷物，榨油，屠宰—制作肥皂，以及基础化学原料生产部门，炸药，化妆品—药品生产部门。

现有材料证明，分析一些生产部门的集中程度非常必要。为此我们可以参考博维金文章中的生产部门和行业平均值表格。[1] 表格中特别突出的是橡胶生产部门（1080 万卢布），接下来是棉花加工部门，只有 130 万卢布。烟草生产部门完全超过了亚麻加工、磨面—毛纺、玻璃—丝织品加工部门。有代表性的是表 4 – 16 和表 4 – 17，表格真实地反映了一些生产部门的作用，因为它们是以同一标准进行对比的。当然，橡胶部门并不是唯一的超大型生产部门。将橡胶部门与其他部门进行对比，有助于发现那些制约生产部门获得较高数值的发展要素，受这些因素影响，一些部门的指标被严重低估。以最高组中各生产部门的分布范围为例：纺织部门的 51 家企业分布在 12 个省，整个棉花加工行业的 44 家企业分布在 7 个省，13 家完整的亚麻加工工厂分布在 8 个省，18 家造船工厂分布在 8 个省，21 家炼油企业分布在 10 个省，而 6 家橡胶工业企业仅分布在 3 个省。

如果要进一步深入研究生产单位的类型，应该分析全部指标，这只能借助于多维统计分析方法。目前已经开始尝试着处理数据，初步的结果是这样的。在聚类分析方法基础上按 18 项指标对生产单位[2]进行等级分类：企业

① Бовыкин В. И. Указ. соч. // Исторические записки. Т. 110. . М. , 1984. С. 170.

② Описание метода и методики его применения к различным данным см. : Бородкин Л И. , Ковальченко И. Д. Промышленная типология губерний Европейской России на рубеже XIX – XX вв. （Опыт многомерного количественного анализа по данным промышленной переписи 1900 г. ）// Математические методы в социально – экономических и археологических исследованиях. М. , 1981. С. 102 – 116; Бородкин Л И. Многомерный статистический анализ в исторических исследованиях. М. , 1986. С 67 – 70; Миронов Б. Н. История в цифрах. Л. , 1991. С. 116 – 125.

产值、工人数量、发动机功率、行政和职员开支、工资开支、所有生产开支、所有社会—生产开支、开支总额、工人平均产量、主要生产单位工人平均产值、工人的动力装备率、工人平均开支、单位功率产值、某个领域工人在工人总数中所占比例、电动机在发动机总功率中所占比例、原料开支在生产总值中所占比例、所有开支在产值中所占比例、工人开支在产值中所占比例。

　　表4-18收录的是加工整理过的材料。由于目前结果主要用于制定分析方法，因此暂时整理的是这方面的成果。从企业规模和生产状况的角度看，缺少令人振奋的结果。其他的观察结果可能需要借助统计数学分析方法，统计所有指标，找出那些能够反映某些生产单位在俄国工业体系中的地位，同时还可以反映出各组生产单位之间相似程度的企业类型。与传统分组方法进行的对比已经证实了这一点。需要提醒大家的是，在最高组中，整个亚麻加工行业和橡胶生产部门的状况并不是特别突出。在这些类别中，亚麻加工部门与棉花加工业、棉花纺织部门、蒸汽机车制造部门、橡胶部门相比具有一定优势，同时，炼油部门已经被划入参数更为突出、社会开支指标更高的上一类别。在同一类别中那些相似的生产部门被联合在一起。例如，磨面部门、谷物部门和磨面—谷物部门，以及酿酒部门、酵母酿酒部门和酒精提纯部门，这些部门在传统的分组中都是分开的。

表 4-18　按18个指标划分的生产部门等级类别

类别*	对象	%	1	2	3	7	8
1	53	32	327.9	181.9	118.2	45.7	34.3
2	19	12	1462.9	501.2	704.0	165.8	155.2
3	5	3	5849.9	2970.5	2651.3	940.8	820.1
4	53	32	164.0	111.2	54.0	25.5	34.3
5	14	8	190.2	186.6	51.1	21.2	38.6
6	11	7	187.1	44.0	5.8	9.4	7.8
7	10	6	154.1	78.9	37.8	20.3	23.5
共计	165	100	541.7	265.4	223.7	74.1	70.0

续表

类别 *	对象	%	11	12	13	14	15	16
1	53	32	217.4	82.1	299.5	2.7	3.2	0.7
2	19	12	1063.7	329.3	1392.7	5.0	7.9	2.1
3	5	3	3538.1	1827.1	4946.6	2.1	2.4	0.9
4	53	32	89.2	61.0	145.4	1.3	1.5	0.5
5	14	8	112.2	61.7	173.9	1.0	1.6	0.3
6	11	7	99.5	17.5	104.1	3.5	4.9	0.1
7	10	6	94.4	44.7	139.1	2.1	2.4	0.4
共计	165	100	350.1	148.4	483.3	2.4	3.1	0.7

类别 *	对象	%	18	19	24	27	28	29	30
1	53	32	0.2	4.7	2.0	1.2	61.9	91.4	10.3
2	19	12	0.3	3.4	3.7	0.9	64.0	94.3	11.0
3	5	3	0.3	2.1	0.7	0.3	56.2	83.8	17.5
4	53	32	0.3	3.7	2.1	4.1	82.0	88.9	25.1
5	14	8	0.2	8.0	29.1	4.6	55.5	92.0	22.7
6	11	7	0.2	49.0	2.5	3.5	69.4	78.3	9.6
7	10	6	0.3	7.0	2.3	22.2	53.6	88.9	17.6
共计	165	100	0.3	7.5	4.5	3.8	67.9	89.9	17.0

* 生产部门类别结构的详解参见附录Ⅶ。

值得注意的是,所获得的结果非常准确地反映出某些类别中各领域内部结构的一致性。例如,棉花加工领域的生产部门分属于第 1~3 类,除树条、秸秆和树皮制品生产部门属于第 1 类外,木材加工部门主要属于第 4 类,而矿物质加工部门只属于第 1 类和第 4 类。同时,金属加工部门在各类别中都有分布,虽然更多是分布在第 4 类(39 个中有 20 个)。这再次证明上述领域中的企业具有不同性质,这就需要进一步分析综合性的结果。从生产部门构成来看,第 1 类和第 4 类部门数量最多。第 1 类中主要是纺织工业部门、畜产品加工部门、广义的化学部门,特别是食品生产部门(23 个中有 13 个)。第 4 类中主要是木材加工部门(11 个中有 8 个)、金属加工和矿物质加工部门(9 个中有 6 个)。这些结果非常重要,因为它们可以证明,在不同的工业领域,生产部门的面貌也存在差异。

从表 4 - 18 中的数据可以发现，发展水平较为突出的是第 2 类和第 3 类。同时，第 3 类生产部门的绝对规模都很大，是我们所分析的指标平均值的 10 倍甚至更高，但是工人平均产量这一指标要低于平均值，动力装备率也没有明显超过平均值。同时，第 2 类生产部门的绝对规模（是平均规模的 2～3 倍）也很大，工人平均产量（是平均值的 2～2.5 倍）和工人动力装备率（是平均值的 3 倍）指标都很高。上述生产部门的构成情况表明，该类部门在整个俄国工业体系中是非常有代表性的，其中一些生产部门（硬脂精部门、橡胶部门、海军部的企业）在当时拥有很高地位。同时，从上述分类结果还可以看出，在绝大多数的部门类别中，生产和劳动力的集中水平都很高。得出的结果几乎全部超过了使用传统分组方法计算出来的企业产值指标的下限，只是第 6 类生产部门依然没有超过企业平均工人数量指标的下限——50 人。

在分析数据之初我们就发现，在分析大量可以反映内部结构和性质的各类指标过程中，定量分析方法潜力巨大，而且有必要继续研究一些生产部门并确定它们的类型。同时，在整理和分析大量工业资料时需要进一步扩大定量分析方法的使用范围。

结　论

　　研究工业普查历史和工厂手册的制作过程，分析它们的提纲和现有出版物，有助于我们认识俄国工业史方面的大量史料的性质。这两部分史料可以作为拥有大量数据的固定系统进行研究，因为数据之间具有某种相似性，且各部分之间是相互联系的。从记录大量对象，以及通过指标次序描述对象的角度，评价材料的完整性和典型性可以发现，工业普查材料和信息手册出版物特别准确地反映了 20 世纪初俄国大型工厂工业结构的重要特征和性质。史料中大量翔实、完整和典型的数据，有助于我们研究工业发展进程，有助于揭示该进程的主要趋势和特性。

　　目前上述文献资料中还有很多数据没有使用，资料中仍然包含大量出处不详的信息，包括工业普查汇编出版物中的材料。对资料中的部分数据进行全面系统的综合性研究是非常有前景的。首先，必须研究彼此相互联系的两个主要方面的数据——工业普查材料和信息手册出版物。这些材料一方面对俄国工业的"行业—部门"的整体水平进行了描述，另一方面对单个工业企业这一微观个体的发展程度进行了评定。在本书中揭示了横向信息资料之间的相互关系，即具体普查资料和公布的工厂手册。在普查汇编材料中寻找有关某些企业发展水平的信息，有助于重新整理普查资料和信息手册出版物。

　　吸收能够反映俄国工业生产大规模发展的补充材料，包括 20 年代关于小工业和手工业的统计出版物中的大量材料，可能会成为增加信息空间，评价上述大量文献资料的一个重要方面。

继续研究史料，将大量史料中的新数据投入学术使用，使其中包含的信息具有现实性，有助于建立研究俄国工业发展问题的可靠而典型的史料基础。目前只解决了研究过程中的基本任务，即掌握了综合研究普查信息和信息手册出版物的最主要方法。在确定材料的信息潜力之后需要对其进行全面的研究，在研究过程中找寻那些可以奠定可靠的史料研究基础的信息。同时，信息处理方法以及判断具体的历史现象和过程的研究方法，应该占有重要地位。具体历史现象和过程包括：工业发展进程、区域分布，以及俄国工业的集中过程。本书指出了通过 1900～1918 年所有普查资料，有关小手工业的资料，有关手册出版物信息和企业建立过程的材料，对工业发展进程进行细致研究的潜力问题。

为解决生产部门类型问题，应该继续加大对 20 世纪初俄国工业内部结构的研究力度。

至于本书提到的资料处理方法，首先，应该综合使用现有的大量方法，克服俄国工业史史料研究中存在的史料处理方法和方向上的局限性。其次，本书还提到一个方法改进途径，即继续完善已经使用的定量分析方法。与俄国史中对其他社会经济问题，尤其是 19 世纪末 20 世纪初俄国农业结构问题的研究相比，对这一问题的研究明显落后。从事俄国工业问题研究的研究者们，实际上并没有走出掌握和使用定量分析方法的初级阶段，目前很多研究方法依然存在局限性（经常进行相关分析）。同时，有助于揭示复杂经济现象和过程的本质特征的多维统计分析方法，使用得并不广泛。此外，借助定量分析方法制定的研究课题本身还具有教学法性质，与大量问题的提出没有关系。在某种程度上来讲，史料处理还不够充分，对上述大量史料的整个信息系统缺乏全面的认识。同时，为了进一步处理俄国工业史方面的大量史料，应该制定定量分析方法，对包含更全面的工业发展信息的工业普查资料进行定量分析。

附　录

附录 I

表 1　加工工业各领域企业新建情况

时间	I	II	III	IV	V	VI	VII
1810 年之前	6	8	1	12	2	20	4
	9	8	2	7	2	31	7
1811～1840 年	60	51	12	25	5	27	22
	33	39	9	16	11	30	12
1841～1860 年	99	77	16	45	15	84	38
	70	56	15	32	29	57	35
1861 年改革前共计	165	126	29	82	22	131	64
	112	103	26	55	42	118	54
1861～1870 年	86	70	38	38	27	90	67
	47	69	31	32	35	88	60
1871～1880 年	99	137	47	63	49	187	156
	63	91	28	44	77	192	121
1881～1890 年	136	178	76	38	97	245	251
	96	126	48	46	117	263	209
1891～1900 年	236	381	111	106	136	370	848
	119	175	83	57	147	423	491

时间	I	II	III	IV	V	VI	VII
20 世纪之前	722	903	301	377	331	1023	1386
共计	437	564	216	234	418	1084	935
1901～1914 年	116	164	88	40	152	387	625
总计	553	728	304	274	570	1471	1560

时间	VIII	IX	X	XI	XII	XIII
1810 年之前	14	22	20	29	2	—
	89	21	36	35	2	0
1811～1840 年	74	48	75	212	15	—
	55	42	66	246	19	0
1841～1860 年	150	103	149	513	28	—
	125	84	100	525	41	0
1861 年改革前共计	238	173	244	754	45	—
	269	147	202	806	62	0
1861～1870 年	160	91	115	534	42	—
	120	72	86	624	52	0
1871～1880 年	278	196	180	665	83	—
	242	177	146	653	76	0
1881～1890 年	400	244	228	1124	122	—
	349	193	163	945	121	5
1891～1900 年	672	792	341	1896	167	—
	563	555	238	1323	189	28
20 世纪之前共计	1748	1496	1108	4973	459	—
	1543	1144	835	4351	500	33
1901～1914 年	535	396	178	1164	180	50
总计	2078	1540	1013	5515	680	83

注：每个时间段的第一行是《1900 年清单》中的数据，第二行是 1914 年《帝俄工厂企业》的数据。

表 2　加工工业领域和生产部门企业新建情况（1914 年数据）

时间	I . 棉花加工					II . 羊毛加工				
	1	2	3	4	共计	1	2	3	4	共计
1810 年之前	0	0	9	0	9	0	1	7	0	8
1811～1840 年	2	0	31	0	33	0	1	38	0	39

时间	Ⅰ．棉花加工					Ⅱ．羊毛加工				
	1	2	3	4	共计	1	2	3	4	共计
1841～1860 年	2	0	67	1	70	1	3	52	0	56
1861 年改革前共计	4	0	107	1	112	1	5	97	0	103
1861～1870 年	4	0	42	1	47	1	1	58	9	69
1871～1880 年	5	0	57	1	63	3	6	70	12	91
1881～1890 年	12	2	77	5	96	5	4	102	15	126
1891～1900 年	17	1	94	7	119	8	9	137	21	175
1901～1910 年	16	2	77	8	103	11	2	134	14	161
1911～1914 年	2	1	9	1	13	0	0	3	0	3
共计	60	6	463	24	553	29	27	601	71	728

时间	Ⅲ．丝织品加工			Ⅳ．亚麻加工			
	1	2	共计	1	2	3	共计
1810 年之前	0	2	2	1	2	4	7
1811～1840 年	2	7	9	8	7	1	16
1841～1860 年	0	15	15	7	15	10	32
1861 年改革前共计	2	24	26	16	24	15	55
1861～1870 年	4	27	31	10	14	8	32
1871～1880 年	6	22	28	13	18	13	44
1881～1890 年	20	28	48	16	15	15	46
1891～1900 年	41	42	83	14	24	19	57
1901～1910 年	46	40	86	11	19	10	40
1911～1914 年	1	1	2	0	0	0	0
共计	120	184	304	80	114	80	274

时间	Ⅴ．混合生产部门							整个纺织业
	1	2	3	4	5	6	共计	共计
1810 年之前	1	0	0	1	0	0	2	28
1811～1840 年	6	2	0	2	0	1	11	107
1841～1860 年	12	3	1	2	8	3	29	191
1861 年改革前共计	19	5	1	5	8	4	42	326
1861～1870 年	17	1	2	5	7	3	35	204
1871～1880 年	24	8	8	9	18	10	77	275
1881～1890 年	21	18	11	17	24	26	117	383
1891～1900 年	32	21	21	18	26	29	147	526
1901～1910 年	43	20	32	19	19	16	146	504
1911～1914 年	2	0	0	2	2	0	6	22
共计	158	73	75	75	101	88	570	2240

时间	Ⅵ. 造纸工业					
	1	2	3	4	5	共计
1810 年之前	0	8	0	0	23	31
1811～1840 年	1	7	0	4	18	30
1841～1860 年	0	9	0	6	42	57
1861 年改革前共计	1	24	0	10	83	118
1861～1870 年	3	5	7	10	63	88
1871～1880 年	8	18	9	24	133	192
1881～1890 年	15	18	23	47	160	263
1891～1900 年	23	26	48	62	264	423
1901～1910 年	18	19	17	59	249	362
1911～1914 年	2	1	1	6	15	25
共计	70	11	105	218	967	1471

时间	Ⅶ. 木材加工						
	1	2	3	4	5	6	共计
1810 年之前	6	0	1	0	0	0	7
1811～1840 年	6	1	4	1	0	0	12
1841～1860 年	19	1	10	1	1	3	35
1861 年改革前共计	31	2	15	2	1	3	54
1861～1870 年	31	6	14	6	0	3	60
1871～1880 年	65	6	29	10	3	8	121
1881～1890 年	111	15	54	18	3	8	209
1891～1900 年	379	13	51	29	10	9	491
1901～1910 年	506	7	42	37	4	8	604
1911～1914 年	14	0	6	3	2	0	25
共计	1137	49	211	105	23	39	1564

时间	Ⅷ. 金属加工						
	1	2	3	4	5	6	共计
1810 年之前	57	12	1	6	13	0	89
1811～1840 年	8	10	2	14	21	0	55
1841～1860 年	6	34	15	23	47	0	125
1861 年改革前共计	71	56	18	43	81	0	269
1861～1870 年	5	34	17	28	36	0	120
1871～1880 年	8	54	37	71	67	5	242

时间	VIII. 金属加工						
	1	2	3	4	5	6	共计
1881~1890 年	14	55	62	113	99	6	349
1891~1900 年	23	152	69	182	117	20	563
1901~1910 年	4	109	59	151	102	16	441
1911~1914 年	4	17	3	27	36	7	94
共计	129	477	265	615	538	54	2078

时间	IX. 矿物质加工									
	1	2	3	4	5	6	7	8	9	共计
1810 年之前	1	0	0	0	5	0	3	0	12	21
1811~1840 年	11	1	0	0	10	0	5		15	42
1841~1860 年	37	6	1	1	15	1	4	0	19	84
1861 年改革前共计	49	7	1	1	30	1	12	0	46	147
1861~1870 年	24	2	3	1	12	5	4	0	21	72
1871~1880 年	82	21	1	6	18	10	16	4	19	177
1881~1890 年	99	8	4	6	21	6	22	3	24	193
1891~1900 年	329	30	20	22	53	19	19	3	60	555
1901~1910 年	169	31	3	16	25	13	26	4	46	333
1911~1914 年	24	4	16	1	2	3	4	0	9	63
共计	776	103	48	63	161	57	103	14	225	540

时间	X. 畜产品加工					
	1	2	3	4	5	共计
1810 年之前	32	0	1	2	1	36
1811~1840 年	31	8	4	10	3	66
1841~1860 年	66	13	6	13	2	100
1861 年改革前共计	139	21	11	25	6	202
1861~1870 年	58	7	4	15	2	86
1871~1880 年	71	25	24	26	0	146
1881~1890 年	75	30	20	32	6	163
1891~1900 年	138	29	28	38	5	238
1901~1910 年	88	43	11	21	3	166
1911~1914 年	5	6	0	1	0	12
共计	574	161	98	158	22	1013

时间	XI．食品加工									
	1	2	3	4	5	6	7	8	9	共计
1810 年之前	5	1	0	2	0	1	7	5	14	35
1811～1840 年	21	1	2	8	24	7	21	24	138	246
1841～1860 年	47	6	11	15	112	9	36	38	251	525
1861 年改革前共计	73	8	13	25	136	17	64	67	403	806
1861～1870 年	47	12	13	19	21	15	61	42	394	624
1871～1880 年	96	22	22	19	43	5	91	64	291	653
1881～1890 年	194	43	40	48	18	12	102	94	394	945
1891～1900 年	290	104	83	35	60	32	72	89	558	1323
1901～1910 年	167	78	59	38	15	30	79	63	574	1103
1911～1914 年	14	3	2	0	14	1	8	14	5	61
共计	881	270	232	184	307	112	477	433	2619	5515

时间	XII．化学生产部门					XIII．电站
	1	2	3	4	共计	
1810 年之前	0	0	2	0	2	0
1811～1840 年	0	0	18	2	19	0
1841～1860 年	6	0	27	8	41	0
1861 年改革前共计	6	0	47	9	62	0
1861～1870 年	16	0	33	3	52	0
1871～1880 年	17	8	40	11	76	0
1881～1890 年	10	9	93	9	121	5
1891～1900 年	16	14	138	21	189	28
1901～1910 年	22	7	101	17	147	41
1911～1914 年	1	2	28	2	33	9
共计	88	40	480	72	680	83

表 2 中列举的生产部门的名称

Ⅰ．棉花加工：①棉制品；②轧棉；③棉纺，织布，漂白，染色，印花；④捻棉线，制线。

Ⅱ．羊毛加工：①棉毛、人造毛；②洗毛；③毛纺，织布，呢绒和装饰；④制毡靴。

Ⅲ. 丝织品加工：①缫丝，捻丝；②丝织品，装饰工厂，染丝。

Ⅳ. 亚麻、大麻、黄麻加工：①亚麻和大麻打麻；②麻纺，织布，漂白，染色，装饰；③缆索和绳索生产。

Ⅴ. 混合生产部门：①染色和上浆；②绣花，做花边，拉金线银线等；③编织；④工业用布、胶布、帆布；⑤衣服、服装；⑥生产玩具、人造花、纽扣等。

Ⅵ. 造纸和印染工业：①纸板，纸浆工厂；②书写纸；③纸筒、卷烟纸；④纸和纸板制品；⑤印刷厂，石锌版制造厂等。

Ⅶ. 木材加工：①锯木厂；②制木桶企业；③细木工、家具、地板；④彩色雕花饰条，制作鞋钉等；⑤木塞生产部门；⑥编制粗席、篮子、草帽等。

Ⅷ. 冶金和金属加工：①有私人高炉的工厂；②没有高炉的工厂；③农业机器制造；④铁和钢的加工工厂；⑤其他金属的加工工厂；⑥发电机，电动机生产部门。

Ⅸ. 矿物质加工：①砖厂；②雪花石膏、石膏、白垩等；③硅酸盐水泥；④水泥和混凝土生产部门；⑤陶瓷；⑥沥青、柏油等；⑦加工石头、大理石等；⑧金刚砂、氧化铝等；⑨玻璃、镜子、水晶玻璃生产部门。

Ⅹ. 畜产品加工：①制革、熟皮子；②传送皮带、革制小百货、皮鞋；③炼油脂，洗肠，熬胶等；④肥皂，蜡烛，蜡漂白；⑤毛笔和刷子生产部门。

Ⅺ. 食品和调味品加工：①磨坊；②油坊；③淀粉厂；④卷烟厂；⑤制糖和炼油厂；⑥酒厂；⑦啤酒—蜜酒，麦芽厂；⑧糖果、罐头、茶叶分称包装厂等；⑨酿酒和精馏工厂。

Ⅻ. 化学工业：①火柴；②石油蒸馏；③油漆，基础化学；④化妆品。

ⅩⅢ. 发电站。

附录 II

表 1　俄国加工工业各领域中生产部门的指标

领域	年份	企业数量	工人数量（人）	产值（千卢布）	发动机功率（马力）
I	1895	627	292139	402878.0	
	1900	730	399903	531273.0	279590
	1908	986	512886	958478.0	384083
II	1895	1087	129992	158042.0	
	1900	916	136658	180336.5	61715
	1908	1037	148848	241782.3	94110
III	1895	272	23364	16278.1	
	1900	309	31976	31005.5	5167
	1908	277	33771	37545.6	8289
IV	1895	376	58103	46817.0	
	1900	403	79391	66905.6	31872
	1908	275	90478	94330.6	51357
V	1895	438	27475	23294.4	
	1900	341	27371	33505.9	6669
	1908	384	36341	52500.6	11900
VI	1895	936	49336	52327.6	
	1900	1069	71965	84526.8	63160
	1908	1333	88008	132059.7	85642
VII	1895	944	39853	52241.5	
	1900	1430	73964	97841.0	43915
	1908	1902	93774	123542.4	76753
VIII	1895	1509	125238	162651.4	
	1900	1804	240907	373544.2	167036
	1908	2360	551957	762061.8	590209
IX	1895	1300	83148	62933.0	
	1900	1591	127970	80577.6	38484
	1908	1521	135529	97802.8	44569

领域	年份	企业数量	工人数量（人）	产值（千卢布）	发动机功率（马力）
X	1895	1801	44451	90400.3	
	1900	1254	50947	111831.3	8555
	1908	1153	62858	168817.0	18387
XI	1895	7742	235999	520871.1	
XI A	1900	2501	71797	368856.0	123847
XI	1900	6650	314632	779931.0	
	1908	7948	386814	1476588.0	387185
XII	1895	735	45391	84496.3	
	1900	354	30430	92713.3	23894
	1908	799	107491	389904.5	165874

领域	年份	企业平均数量			省份数量
		工人（人）	产值（千卢布）	发动机功率（马力）	
I	1895	466	642.5		31
	1900	548	727.8	383.0	28
	1908	520	972.1	389.5	39
II	1895	119	145.4		48
	1900	149	130.6	67.4	45
	1908	143	233.2	90.8	52
III	1895	86	59.8		9
	1900	103	100.3	16.7	13
	1908	122	135.5	29.2	14
IV	1895	154	124.5		36
	1900	197	166.0	79.1	41
	1908	329	343.0	186.8	41
V	1895	63	53.2		35
	1900	80	98.3	19.6	31
	1908	95	136.7	31.0	31
VI	1895	53	55.9		63
	1900	67	75.0	59.1	62
	1908	66	99.1	64.2	71
VII	1895	42	55.3		65
	1900	52	68.4	30.7	63
	1908	49	65.0	40.4	79

领域	年份	企业平均数量			省份数量
		工人（人）	产值（千卢布）	发动机功率（马力）	
VIII	1895	83	107.8		69
	1900	133	207.1	92.6	65
	1908	234	322.9	250.1	81
IX	1895	64	48.4		71
	1900	80	50.6	24.4	65
	1908	89	64.3	29.3	80
X	1895	25	50.2		73
	1900	40	89.2	6.8	59
	1908	54	141.2	15.9	80
XI	1895	30	67.3		80
XI A	1900	29	147.5	49.5	66
XI	1900	47	117.3		
	1908	49	185.8	48.7	88
XII	1895	62	114.9		65
	1900	86	261.9	67.5	57
	1908	134	487.9	207.6	65

注：①1900 年欧俄的普查指标有所下降。

　　②"省份数量"指标代表生产领域的地域分布。

表2　1908 年加工工业各领域在主要产粮省份的分布情况

省份	各省在生产领域产值中所占比例（%）*						
	I	II	III	IV	V	VI	VII
莫斯科	27.7	29.0	74.1		34.6	12.1	
弗拉基米尔	22.5		4.8	19.6			
科斯特罗马	7.6			15.7			
雅罗斯拉夫尔	2.5			9.4			
下诺夫哥罗德				4.8			
特维尔	3.7						
梁赞	2.1						
卡卢加						3.1	
彼得堡	8.5	3.3		7.5	9.7	24.7	9.7

省份	各省在生产领域产值中所占比例（%）*						
	I	II	III	IV	V	VI	VII
赫尔松						2.4	
哈尔科夫							
叶卡捷琳诺斯拉夫							
顿斯科伊							
塔夫利达							
彼得罗科夫	12.6	39.0	4.5	7.7	16.2	3.4	2.6
华沙			5.8	10.4	20.0	6.7	2.3
彼尔姆							
维亚特卡							
利夫良季亚		2.9		4.0	7.2	12.8	9.3
埃斯特良季亚	3.1					2.9	

省份	各省在生产领域产值中所占比例（%）*					
	VIII	IX	X	XI A	XI B	XII A
莫斯科	8.3	8.7	15.5	4.9	4.8	13.2
弗拉基米尔		5.0				
科斯特罗马						
雅罗斯拉夫尔				2.8		
下诺夫哥罗德	2.9			3.7		
特维尔		3.4				
梁赞		2.5				
卡卢加						
彼得堡	18.5	7.0	18.4	3.0	6.3	29.3
赫尔松	3.1		3.5	8.0	3.2	2.8
哈尔科夫	2.0	3.3		3.0	5.6	
叶卡捷琳诺斯拉夫	15.3	6.6		4.4		4.3
顿斯科伊	2.7	3.1	3.2	5.2		
塔夫利达				2.0		
彼得罗科夫	8.0	3.3	5.9			
华沙	3.6	2.8	21.6			2.8
彼尔姆	8.5	2.2	2.3	2.6	11.4	3.0
维亚特卡			4.9			2.0
利夫良季亚	5.0	5.2	3.0			20.0
埃斯特良季亚						

省份	各省在生产领域产值中所占比例（%）*						
	I	II	III	IV	V	VI	VII
基辅						2.3	
波尔塔瓦							
切尔尼戈夫		2.5					
沃伦							
波多利斯克							
喀山							
萨马拉							
萨拉托夫							6.4
奥伦堡							
辛比尔斯克		4.5					
库班							
黑海							
沃罗尼尔							
库尔斯克							
奥廖尔							
坦波夫		2.9					
维林斯克							
格罗德诺		3.7					
明斯克							2.8
莫吉廖夫						2.4	
阿尔汉格尔斯克							15.3
费尔干纳	6.0						
伊丽莎白波尔			6.5				

省份	各省在生产领域产值中所占比例（%）*					
	VIII	IX	X	XI A	XI B	XII A
基辅		2.7		2.6	12.0	
波尔塔瓦				4.1	2.0	
切尔尼戈夫					3.0	
沃伦					2.6	
波多利斯克					5.8	
喀山			7.9			
萨马拉					4.5	
萨拉托夫		2.3			7.3	

省份	各省在生产领域产值中所占比例(%)*					
	VIII	IX	X	XI A	XI B	XII A
奥伦堡				2.7		
辛比尔斯克				1.8		
库班				3.0		
黑海		3.1				
沃罗尼尔				2.8		
库尔斯克					3.6	
奥廖尔		2.6				
坦波夫				2.1		
维林斯克			2.2			
格罗德诺						
明斯克						
莫吉廖夫						
阿尔汉格尔斯克						
费尔干纳						
伊丽莎白波尔						

* 仅统计出比例超过2%的省份。

附录 Ⅲ

表 1　20 世纪初俄国经济区域的工业发展动态和总指标

1900 年				
地区	产值（千卢布）	占比（%）	工人数量（人）	占比（%）
中部工业区	842671	26.6	628347	30.70
圣彼得堡	310396	10.0	169470	8.30
南部	359078	11.4	202479	9.90
波兰	390611	12.3	243271	12.00
乌拉尔	153860	5.0	195434	9.60
西南	207358	6.6	111595	5.50
波罗的海沿岸	144355	4.5	78294	3.80
外高加索	217420	6.8	61311	3.00
伏尔加河流域	131383	4.2	62309	3.00
北高加索	100498	3.2	58094	2.80
西部	110203	3.5	74816	3.70
中部黑土区	95310	3.0	63839	3.10
北部	16953	0.6	14931	0.70
欧俄	3080096	97.7	1964207	99.20
西西伯利亚	26268	0.8	42780	2.10
东西伯利亚	33012	1.0	28182	1.40
突厥斯坦	14693	0.5	7590	0.40
3 个地区共计	73973	2.3	78552	3.90
全俄总计	3154069	100	2042905	100
1908 年				
地区	产值（千卢布）	占比（%）	工人数量（人）	占比（%）
中部工业区	1266716	26.2	738615	30.60
圣彼得堡	475772	9.8	188085	7.53
南部	528207	11.0	247945	10.30
波兰	545260	11.2	296576	12.30
乌拉尔	230752	4.8	199790	8.30
西南	337068	7.0	149533	6.20

续表

1908 年				
地区	产值（千卢布）	占比（%）	工人数量（人）	占比（%）
波罗的海沿岸	249273	5.1	97459	4.00
外高加索	238364	5.0	61187	2.50
伏尔加河流域	222674	4.6	72342	3.00
北高加索	191558	4.0	92249	3.80
西部	140880	2.9	88635	3.70
中部黑土区	168695	3.5	73127	3.00
北部	31312	0.6	20842	0.90
欧俄	4626532	95.7	2261385	96.40
西西伯利亚	82495	1.7	35636	1.50
东西伯利亚	50904	1.0	38895	1.60
突厥斯坦	79905	1.6	12874	0.50
3 个地区共计	213304	4.3	87405	3.60
全俄总计	4839898	100	2413808	100

1912 年				
地区	产值（千卢布）	占比（%）	工人数量（人）	占比（%）
中部工业区	1614288	28.5	794650	32.00
圣彼得堡	519144	9.2	176661	7.10
南部	627124	11.1	272857	11.00
波兰	695286	12.3	304210	12.30
乌拉尔	216478	3.8	173186	7.00
西南	316152	5.9	135874	5.50
波罗的海沿岸	299622	6.3	115473	4.60
外高加索	317205	5.6	54773	2.20
伏尔加河流域	279462	5.0	107729	4.30
北高加索	226117	4.0	65142	2.60
西部	148560	2.6	61059	2.50
中部黑土区	155147	2.7	89577	3.60
北部	34246	0.6	22542	0.90
欧俄	5179138	96.6	2128133	95.60
西西伯利亚	51764	0.9	41780	1.70
东西伯利亚	59592	1.0	53060	2.10
突厥斯坦	84410	1.5	14118	0.60
3 个地区共计	195766	3.4	108958	4.40
全俄总计	5660689	100	2482691	100

续表

地区	工业产值增长（%）			加工工业在产值中所占比例（%）			1912年采掘工业中的工人在工人总数中所占比例（%）
	1908年与1900年相比	1912年与1908年相比	1915年与1912年相比	1900年	1908年	1912年	
中部工业区	+50.0	+27.4	+26.1	70.0	99.5	99.5	5.30
圣彼得堡	+53.0	+9.1	+84.0	99.9	99.9	99.9	0.60
南部	+47.0	+19.0	+26	87.7	80.3	78.5	38.20
波兰	+39.6	+27.5	无资料	96.2	96.0	96.4	9.30
乌拉尔	+50.0	−6.2	+40.5	84.0	87.5	80.0	43.40
西南	+62.5	−6.3	+60.7	99.9	99.9	99.9	2.90
波罗的海沿岸	+73.0	+20.2	无资料	99.5	99.9	100	—
外高加索	+9.6	+33.1	+18.5	55.1	54.5	45.7	63.50
伏尔加河流域	+90.6	+46.0	+15.5	74.9	77.5	68.2	63.60
北高加索	+70.0	+1.0	+77.3	99.0	99.3	99.0	4.60
西部	+77.0	−12.0	+208.0	99.3	99.7	100	—
中部黑土区	+28.0	+10.1	无资料	100	100	100	—
北部	+85.0	+9.3	−7.0	99.5	99.7	99.9	1.50
欧俄	+50.2	+12.0	无资料	—	—	—	—
西西伯利亚	+314.0	−38.0	+72.0	69.0	79.7	72.0	63.60
东西伯利亚	+54.0	+17.0	+20.5	16.0	32.0	20.0	91.20
突厥斯坦	+544.0	+6.0	+75.5	98.0	98.2	93.0	17.70
3个地区共计	+266.0	−8.0	+58.0	—	—	—	—
全俄总计	+52.5	+17.0	无资料	91.4	92.4	90.4	

表2　不同研究者划分的工业分布区域的省份构成

谢梅诺夫－强－尚斯基	
最北部地区	阿尔汉格尔斯克、沃洛格达
湖滨地区	彼得堡、奥洛涅茨、诺夫哥罗德、普斯科夫
波罗的海沿岸地区	库尔良季亚、利夫良季亚、埃斯特良季亚
莫斯科工业区	莫斯科、特维尔、雅罗斯拉夫尔、科斯特罗马、下诺夫哥罗德、弗拉基米尔

谢梅诺夫－强－尚斯基	
中部黑土区	梁赞、图拉、卡卢加、奥廖尔、库尔斯克、沃罗涅日、坦波夫、奔萨
乌拉尔附近地区	维亚特卡、彼尔姆、乌法、奥伦堡
伏尔加河下游地区	喀山、辛比尔斯克、萨马拉、萨拉托夫、阿斯特拉罕
小俄罗斯地区	哈尔科夫、波尔塔瓦、切尔尼戈夫
新俄罗斯地区	赫尔松、叶卡捷琳诺斯拉夫、塔夫利达、比萨拉比亚
西南地区	基辅、沃伦、波多利斯克
白俄罗斯地区	斯摩棱斯克、维捷布斯克、明斯克、莫吉廖夫
立陶宛地区	科夫诺、格罗德诺、维利亚
门捷列夫	
中部地区（莫斯科）	莫斯科、弗拉基米尔、卡卢加、科斯特罗马、下诺夫哥罗德、斯摩棱斯克、特维尔、雅罗斯拉夫尔
波罗的海沿岸地区（圣彼得堡）	彼得堡、诺夫哥罗德、普斯科夫、库尔良季亚、利夫良季亚、埃斯特良季亚
北部地区	奥洛涅茨、阿尔汉格尔斯克、沃洛格达
东部地区	维亚特卡、喀山、乌法、奥伦堡、彼尔姆、萨马拉
西伯利亚地区	托博尔斯克、托木斯克、叶尼塞斯克、伊尔库茨克、阿穆尔、滨海、雅库特、外贝加尔省
中亚地区	塞米巴拉金斯克、谢米列奇耶、阿克莫拉、图尔盖、乌拉尔、撒马尔罕、费尔干纳、外卡斯皮斯克、锡尔河州
高加索地区	外高加索省和州、斯塔夫罗波尔、库班、黑海省、捷列克
南部地区	阿斯特拉罕、叶卡捷琳诺斯拉夫、塔夫利达、赫尔松、比萨拉比亚、顿斯科伊
西南地区	波多利斯克、沃伦、基辅
西北地区	维利亚、维捷布斯克、格罗德诺、科夫诺、明斯克、莫吉廖夫
小俄罗斯地区	切尔尼戈夫、波尔塔瓦、哈尔科夫
中部产粮区	图拉、奥廖尔、梁赞、库尔斯克、坦波夫、奔萨、萨拉托夫、辛比尔斯克、沃罗涅日
维斯瓦湾沿岸地区（波兰）	华沙、卡利什、凯尔采、沃姆扎、卢布林、彼得罗夫、普沃茨克、拉多姆、苏瓦乌基、谢德尔采省
芬兰地区*	

瓦尔扎尔	
北部地区	阿尔汉格尔斯克、沃洛格达、诺夫哥罗德、奥洛涅茨、普斯科夫
东部地区	维亚特卡、喀山、奥伦堡、彼尔姆、萨马拉、乌法
波罗的海沿岸地区	库尔良季亚、利夫良季亚、彼得堡、埃斯特良季亚
中部工业区	弗拉基米尔、卡卢加、科斯特罗马、莫斯科、下诺夫哥罗德、斯摩棱斯克、特维尔、雅罗斯拉夫尔
中部黑土区和小俄罗斯地区	沃罗涅日、库尔斯克、奥廖尔、奔萨、波尔塔瓦、梁赞、萨拉托夫、辛比尔斯克、坦波夫、图拉、哈尔科夫、切尔尼戈夫
西北地区	维利亚、维捷布斯克、格罗德诺、科夫诺、明斯克、莫吉廖夫
西南地区	沃伦、波多利斯克、基辅
瓦尔扎尔	
南部地区	阿斯特拉罕、比萨拉比亚、达吉斯坦、顿斯科伊、叶卡捷琳诺斯拉夫、库班、斯塔夫罗波尔、塔夫利达、捷列克、赫尔松、黑海省
维斯瓦湾沿岸地区	10 个波兰省份
外高加索地区	7 个省和州,2 个地区
突厥斯坦地区	5 个州
西西伯利亚地区	5 个省和州
东西伯利亚地区	6 个省和州

＊芬兰有自己的关税税则。芬兰在经济关系上是独立的，并没有被列入工业调查范围。

附录Ⅳ

表 1   1908 年普查汇编出版物中为数不多的棉制品生产企业（Ⅰ.棉花加工）

区域	企业数量	产值（千卢布）	订货进款（千卢布）	共计
全俄	55	3357.3	104.9	1314
彼尔姆	1	28.8	—	16
圣彼得堡	2	299.7	—	95
雅罗斯拉夫尔	1	40.0	—	16
格罗德诺	1	36.2	—	25
萨拉托夫	1	215.0	—	60
比萨拉比亚	1	16.0	—	10
捷列克	1	2.5	—	2
阿斯特拉罕	2	35.0	5.7	16
顿斯科伊	2	530.0	—	62
库班	2	505.5	—	60
华沙	2	170.1	—	48
沃姆扎	1	21.8	—	17
梯弗里斯	1	57.0	—	8

区域	发动机							
	蒸汽发动机		内燃机		水力发动机		电动机	
	1	2	1	2	1	2	1	2
全俄	31	1697	16	529	10	154	3	158
彼尔姆	1	35	—	—				
圣彼得堡	1	40	1	80	—	—		
雅罗斯拉夫尔	1	36						
格罗德诺	1	15						
萨拉托夫	1	50						
比萨拉比亚	—	—	—	—	—	—		
捷列克	1	6						
阿斯特拉罕	2	28						
顿斯科伊	1	26	2	52				
库班	1	37	1	100	1	25		
华沙	2	41	—	—				
沃姆扎	—	—	1	10				
梯弗里斯	—	—	1	10				

区域	开支				租赁发动机、厂房
	原料	燃料	支付工资（卢布）		
			现金	实物	
全俄	2484.4	165.3	258.5	5.6	51.2
彼尔姆	19.0	1.2	1.9	—	—
圣彼得堡	212.6	11.9	23.3	—	—
雅罗斯拉夫尔	25.0	4.3	3.6	—	—
格罗德诺	22.2	3.2	7.0	—	—
萨拉托夫	176.0	9.9	9.8	—	—
比萨拉比亚	10.0	1.0	1.5	—	—
捷列克	2.0	0.1	0.1	—	—
阿斯特拉罕	30.0	3.5	3.5	0.1	—
顿斯科伊	452.1	6.7	22.5	—	4.4
库班	428.6	9.1	15.9	—	—
华沙	97.1	11.9	12.9	—	2.6
沃姆扎	13.0	0.9	1.9	—	—
梯弗里斯	50.9	0.5	2.0	—	1.0

注：1——发动机数量，2——发动机功率（马力）。

表2　单个棉制品生产企业的基本指标（1908年）

序号	省份	产值（千卢布）	所有工人（人）	发动机总功率（马力）
1	彼尔姆	28.8	16	35
2	雅罗斯拉夫尔	40.0	16	36
3	格罗德诺	36.2	25	15
4	萨拉托夫	215.0	60	50
5	比萨拉比亚	16.0	10	0
6	捷列克	2.5	2	6
7	沃姆扎	21.8	17	10
8	梯弗里斯	57.0	8	10
9	阿斯特拉罕	5.1	7	12
10	阿斯特拉罕	35.6	9	16
11	华沙	111.2	24	25
12	华沙	58.9	24	16
13	库班	392.5	43	137

续表

序号	省份	产值（千卢布）	所有工人（人）	发动机总功率（马力）
14	库班	113.0	17	25
15	顿斯科伊	180.0	32	40
16	顿斯科伊	350.0	30	38
17	彼得堡	221.1	55	40
18	彼得堡	78.6	40	80

序号	省份	开支（千卢布）		
		原料	燃料	支付工资
1	彼尔姆	19.0	1.2	1.9
2	雅罗斯拉夫尔	25.0	4.3	3.6
3	格罗德诺	22.2	3.2	7.0
4	萨拉托夫	176.0	9.9	9.8
5	比萨拉比亚	10.0	1.0	1.5
6	捷列克	2.0	0.1	0.1
7	沃姆扎	13.0	0.9	1.9
8	梯弗里斯	50.9	0.5	2.0
9	阿斯特拉罕	3.0	1.4	1.4
10	阿斯特拉罕	27.0	2.1	2.2
11	华沙	58.2	7.5	6.9
12	华沙	38.9	4.4	6.0
13	库班	349.5	7.9	11.8
14	库班	79.1	1.2	4.1
15	顿斯科伊	150.0	3.7	11.5
16	顿斯科伊	302.1	3.0	11.0
17	彼得堡	157.6	4.7	9.6
18	彼得堡	55.0	7.2	13.7

表3 1908年纺纱、纺织和装饰生产部门（整个手工业）企业的平均指标

序号	省份	产值（千卢布）	所有工人（人）	发动机总功率（马力）
1	利夫良季亚	1209.9	581	490
2	弗拉基米尔	5183.1	2441	2400
3	科斯特罗马	1661.5	1505	1200
4	雅罗斯拉夫尔	5168.5	1615	1850

序号	省份	产值(千卢布)	所有工人(人)	发动机总功率(马力)
5	萨拉托夫	1687.1	1133	1525
6	华沙	853.8	496	800
7	利夫良季亚	2206.6	1485	1030
8	斯摩棱斯克	5231.0	4777	4123
9	雅罗斯拉夫尔	16656.3	8996	7063
10	梁赞	11044.7	5908	5056
11	巴库	2075.2	1115	2500
12	彼得堡	4468.0	2057	2176
13	卡利什	1839.6	1471	1087
14	梁赞	2276.6	800	1500
15	埃斯特良季亚	4164.4	2088	1700
16	埃斯特良季亚	26027.9	8203	9245
17	特维尔	3505.4	2483	2400
18	特维尔	1986.3	1334	1980
19	特维尔	5886.3	3445	2950
20	特维尔	20321.1	11953	7240

序号	省份	开支(千卢布)		
		原料	燃料	支付工资
1	利夫良季亚	815.0	27.6	133.6
2	弗拉基米尔	3986.3	167.3	326.8
3	科斯特罗马	678.7	63.7	324.4
4	雅罗斯拉夫尔	3421.3	123.2	304.3
5	萨拉托夫	1402.7	67.3	147.8
6	华沙	516.9	59.1	131.8
7	利夫良季亚	1483.1	66.1	313.0
8	斯摩棱斯克	3831.5	138.5	808.0
9	雅罗斯拉夫尔	12486.1	502.0	2080.7
10	梁赞	7033.0	446.3	1254.2
11	巴库	1127.9	73.3	220.0
12	彼得堡	2820.7	231.0	643.9
13	卡利什	1074.6	107.7	331.1
14	梁赞	1570.8	66.0	110.3

序号	省份	开支（千卢布）		
		原料	燃料	支付工资
15	埃斯特良季亚	2498.6	165.4	616.5
16	埃斯特良季亚	15638.1	68.2	2378.8
17	特维尔	2453.7	114.1	414.3
18	特维尔	1246.1	94.2	222.7
19	特维尔	3506.7	197.9	753.6
20	特维尔	12192.6	485.5	2610.8

表4　1908年棉花加工（棉制品、纺纱和整个手工业除外）企业的平均指标

序号	省份	产值（千卢布）	所有工人（人）	发动机总功率（马力）
1	弗拉基米尔	121.1	136	130
2	雅罗斯拉夫尔	2036.9	825	700
3	利夫良季亚	3501.5	737	1100
4	华沙	35.4	18	14
5	卡卢加	7.1	29	18
6	斯摩棱斯克	28.5	261	90
7	坦波夫	195.7	90	100
8	图拉	351.2	330	225
9	莫吉廖夫	622.6	488	214
10	彼得堡	1355.0	1062	585
11	卡利什	23.5	24	36
12	图拉	188.2	72	10
13	叶卡捷琳诺斯拉夫	266.0	60	12
14	塔夫利达	65.0	23	8
15	梯弗里斯	18.0	8	14

序号	省份	开支（千卢布）		
		原料	燃料	支付工资
1	弗拉基米尔	42.8	8.0	26.2
2	雅罗斯拉夫尔	1328.0	47.2	122.0
3	利夫良季亚	1876.0	76.3	221.7
4	华沙	26.0	1.0	4.3
5	卡卢加	0	1.8	3.0
6	斯摩棱斯克	3.0	4.2	17.8

序号	省份	开支(千卢布)		
		原料	燃料	支付工资
7	坦波夫	145.8	5.8	19.0
8	图拉	268.7	10.6	44.4
9	莫吉廖夫	461.5	10.6	103.8
10	彼得堡	752.2	32.9	290.0
11	卡利什	8.5	4.0	9.5
12	图拉	179.3	2.5	8.6
13	叶卡捷琳诺斯拉夫	217.0	5.3	14.0
14	塔夫利达	50.0	3.0	5.0
15	梯弗里斯	12.0	1.0	1.0

表5 蒸汽机车制造企业基本指标 (1908年)

序号	省份	产值(千卢布)	所有工人(人)	发动机总功率(马力)
1	乌法	1757.5	917	790
2	埃斯特良季亚	1890	767	1295
3	下诺夫哥罗德	11582.5	6963	8261
4	特维尔	3358.6	1765	2000
5	哈尔科夫	5255.5	2149	1245
6	基辅	866.4	405	299
7	叶卡捷琳诺斯拉夫	5599.8	3241	3280
8	华沙	1523.3	587	565
9	莫斯科	2765.8	1442	605
10	莫斯科	9047.8	7758	5935
11	奥廖尔	8148.3	6041	5865
12	奥廖尔	1159.9	737	416
13	利夫良季亚	8318.6	3251	2505
14	利夫良季亚	1712.8	1321	1875
15	彼得堡	1786.5	885	846
16	彼得堡	12845.3	7126	12772
17	彼得堡	6459.7	3221	2585

序号	省份	开支（千卢布）		
		原料	燃料	支付工资
1	乌法	1098.2	102.3	304.0
2	埃斯特良季亚	845.7	125.5	264.3
3	下诺夫哥罗德	3594.4	1341.4	3143.2
4	特维尔	1850.9	170.9	573.0
5	哈尔科夫	2273.3	144.9	1307.9
6	基辅	397.7	62.9	179.9
7	叶卡捷琳诺斯拉夫	2459.2	538.5	1760.4
8	华沙	754.3	81.2	247.3
9	莫斯科	1247.4	61.0	227.1
10	莫斯科	5180.7	597.3	31%.4
11	奥廖尔	3700.6	614.8	2208.9
12	奥廖尔	521.0	40.4	260.4
13	利夫良季亚	5683.1	305.3	1376.7
14	利夫良季亚	1052.1	231.3	559.3
15	彼得堡	677.3	37.9	459.1
16	彼得堡	4870.0	1478.9	3696.8
17	彼得堡	2449.2	312.4	1671.0

表6　农机生产企业的平均指标（1908年）

序号	省份	产值（千卢布）	所有工人（人）	发动机总功率（马力）
1	下诺夫哥罗德	13.4	30	6
2	喀山	38.0	60	16
3	奥伦堡	275.9	160	35
4	彼得堡	27.5	18	4
5	埃斯特良季亚	24.6	19	30
6	弗拉基米尔	15.8	37	4
7	卡卢加	12.5	25	8
8	莫斯科	762.3	503	225
9	奥廖尔	23.7	53	8
10	坦波夫	10.3	19	8

续表

序号	省份	产值（千卢布）	所有工人（人）	发动机总功率（马力）
11	维利亚	8.0	14	25
12	库班	8.6	13	2
13	斯塔夫罗波尔	60.0	25	13
14	沃姆扎	9.7	20	4
15	拉多姆	38.4	42	20

序号	省份	开支（千卢布）		
		原料	燃料	支付工资
1	下诺夫哥罗德	4.5	0.9	4.8
2	喀山	17.0	3.0	18.9
3	奥伦堡	155.1	11.5	48.8
4	彼得堡	10.5	0.9	5.6
5	埃斯特良季亚	9.9	2.3	5.9
6	弗拉基米尔	8.0	0.7	4.6
7	卡卢加	3.3	0.9	5.2
8	莫斯科	384.0	19.1	210.0
9	奥廖尔	10.5	1.7	9.6
10	坦波夫	3.5	1.2	3.0
11	维利亚	2.0	1.1	2.9
12	库班	1.2	0.4	2.0
13	斯塔夫罗波尔	24.8	4.1	13.6
14	沃姆扎	2.0	0.2	2.2
15	拉多姆	16.7	2.2	12.5

表 7 亚麻纺纱、亚麻打麻企业和完整的亚麻加工手工工场的平均指标（1908 年）

序号	省份	产值（千卢布）	所有工人（人）	发动机总功率（马力）
1	雅罗斯拉夫尔	1561.6	1308	450
2	梁赞	1371.1	2299	706
3	维捷布斯克	12684.0	1054	900
4	莫吉廖夫	444.8	495	520
5	萨马拉	644.0	1100	230
6	沃洛格达	1499.2	1945	1440

续表

序号	省份	产值(千卢布)	所有工人(人)	发动机总功率(马力)
7	利夫良季亚	383.5	434	305
8	下诺夫哥罗德	3435.2	5109	1324
9	哈尔科夫	2849.1	2202	2000
10	华沙	9782.6	8318	5830
11	雅罗斯拉夫尔	3597.0	3105	1800
12	雅罗斯拉夫尔	2468.6	2338	1700
13	弗拉基米尔	3324.6	4840	1570
14	弗拉基米尔	2169.4	2034	1560

序号	省份	开支(千卢布)		
		原料	燃料	支付工资
1	雅罗斯拉夫尔	840.3	91.6	240.1
2	梁赞	875.9	49.1	244.7
3	维捷布斯克	471.0	86.0	154.8
4	莫吉廖夫	340.6	13.5	77.3
5	萨马拉	396.6	13.0	83.5
6	沃洛格达	998.5	37.0	258.4
7	利夫良季亚	150.0	14.9	83.0
8	下诺夫哥罗德	1907.9	179.3	699.7
9	哈尔科夫	1829.6	80.7	357.7
10	华沙	3563.3	364.3	2206.6
11	雅罗斯拉夫尔	1509.6	108.7	620.5
12	雅罗斯拉夫尔	1036.1	102.7	467.2
13	弗拉基米尔	1522.7	89.3	752.5
14	弗拉基米尔	933.6	88.8	316.2

表8 呢绒工厂的平均指标(1908年)

序号	省份	产值(千卢布)	所有工人(人)	发动机总功率(马力)
1	喀山	226.0	95	50
2	乌法	464.7	425	280
3	库尔良季亚	14.0	23	55
4	埃斯特良季亚	754.9	562	304

续表

序号	省份	产值(千卢布)	所有工人(人)	发动机总功率(马力)
5	雅罗斯拉夫尔	441.6	495	110
6	库尔斯克	229.4	413	285
7	梁赞	438.8	495	343
8	维捷布斯克	26.8	16	10
9	明斯克	145.7	236	88
10	比萨拉比亚	10.3	11	10
11	叶卡捷琳诺斯拉夫	189.9	73	80
12	沃姆扎	97.1	1101	30
13	托博尔斯克	98.1	160	50

序号	省份	开支(千卢布)		
		原料	燃料	支付工资
1	喀山	64.0	17.1	22.8
2	乌法	281.6	23.5	56.5
3	库尔良季亚	0	4.7	6.5
4	埃斯特良季亚	386.6	38.9	102.2
5	雅罗斯拉夫尔	259.6	13.0	68.0
6	库尔斯克	112.3	16.9	28.7
7	梁赞	313.5	30.7	49.7
8	维捷布斯克	18.0	0.8	1.5
9	明斯克	93.3	8.0	24.7
10	比萨拉比亚	3.4	1.6	3.6
11	叶卡捷琳诺斯拉夫	93.5	4.8	17.3
12	沃姆扎	47.3	53.5	160.2
13	托博尔斯克	63.6	3.4	20.4

附录 V

表 1　棉花加工业中一些生产部门指标之间的相互关系（相关系数）

生产部门	纺纱、纺织、完整的纺织工厂						
指标	1	2	3	4	5	6	7
1	X	0.92	0.97	0.99	0.59	0.97	0.37
2	0.69	X	0.93	0.93	0.78	0.98	0.09
3	0.71	0.62	X	0.97	0.62	0.95	0.26
4	0.90	0.65	0.72	X	0.64	0.96	0.36
5	0.77	0.69	0.54	0.74	X	0.71	-0.04
6	0.74	0.84	0.71	0.71	0.78	X	0.19
7	0.81	0.25	0.41	0.81	0.54	0.44	X
8	0.08	-0.25	0.47	0.13	-0.09	-0.11	0.08
9	0.44	0.26	0.34	0.43	0.54	0.67	0.56
10	0.65	0.37	0.02	0.62	0.54	0.43	0.80
11	0.27	0.26	-0.13	0.23	0.67	0.34	0.24
12	-0.54	-0.24	-0.37	-0.59	-0.21	-0.3	-0.59
13	0.66	0.18	0.31	0.68	0.27	0.14	0.80

* 生产部门　棉制品生产部门

生产部门	纺纱、纺织、完整的纺织工厂					
指标	8	9	10	11	12	13
1	-0.30	0.32	0.63	-0.21	-0.06	-0.05
2	-0.42	-0.21	0.54	0.09	-0.08	-0.14
3	-0.22	0.23	0.47	-0.29	-0.09	-0.03
4	-0.31	0.28	0.62	-0.19	-0.13	0.02
5	-0.42	0.16	0.44	0.40	-0.14	-0.15
6	-0.40	0.36	0.59	-0.1	-0.01	-0.16
7	0.28	0.17	0.55	-0.15	-0.19	0.72
8	X	-0.25	-0.6	-0.42	-0.005	0.44
9	-0.16	X	0.41	0.38	0.36	-0.53
10	-0.47	0.48	X	0.25	-0.12	0.14
11	-0.54	0.46	0.53	X	0.01	-0.27
12	-0.31	-0.15	-0.39	0.26	X	-0.40
13	0.27	0.001	0.60	-0.11	-0.70	X

生产部门	棉制品生产部门

* 原文如此，下同——译者注。

166

表 1a　棉花加工业各生产部门中指标间的相互关系（相关系数）

生产部门	纺纱、纺织、完整的纺织工厂						
指标	1	2	3	4	5	6	7
1	X	0.78	0.98	0.99	0.99	0.79	0.51
2		X	0.85	0.80	0.79	0.94	0.04
3			X	0.97	0.99	0.86	0.36
4				X	0.98	0.79	0.50
5					X	0.80	0.45
6						X	0.16
7							X
8							
9							
10							
11							
12							
13							

生产部门	纺纱、纺织、完整的纺织工厂					
指标	8	9	10	11	12	13
1	0.26	0.25	− 0.12	− 0.23	− 0.15	0.24
2	− 0.02	0.10	− 0.26	− 0.40	− 0.02	− 0.10
3	0.27	0.23	− 0.25	− 0.35	− 0.09	0.10
4	0.21	0.21	− 0.09	− 0.22	− 0.19	0.27
5	0.28	0.26	− 0.17	− 0.26	− 0.11	0.18
6	0.07	0.31	0.21	− 0.33	− 0.11	− 0.10
7	0.06	0.23	0.59	0.56	− 0.50	0.79
8	X	0.36	− 0.58	− 0.49	− 0.12	− 0.04
9		X	− 0.08	0.72	− 0.33	− 0.23
10			X	0.85	− 0.31	0.68
11				X	− 0.25	0.53
12					X	− 0.52
13						X

表2　纺织工业各生产部门中指标间的相互关系（相关系数）

生产部门	呢绒生产部门（Ⅱ. 羊毛加工）						
指标	1	2	3	4	5	6	7
1	X	0.88	0.78	0.97	0.49	0.42	-0.01
2	0.94	X	0.87	0.92	0.42	0.36	-0.40
3	0.97	0.85	X	0.83	0.43	0.22	-0.26
4	0.96	0.94	0.92	X	0.47	0.39	-0.14
5	0.96	0.90	0.90	0.91	X	0.92	-0.14
6	0.99	0.95	0.95	0.93	0.95	X	-0.20
7	0.31	0.02	0.38	0.26	0.34	0.22	X
8	-0.01	-0.24	0.19	-0.57	-0.04	-0.05	0.60
9	0.69	0.49	0.70	0.58	0.67	0.68	0.67
10	0.05	0.15	-0.16	0.09	0.13	0.05	-0.16
11	0.02	0.06	-0.15	0.04	0.22	0.01	0.16
12	0.44	0.33	0.43	0.26	0.49	0.45	0.45
13	-0.40	-0.53	-0.33	-0.36	-0.36	-0.49	0.34

生产部门　亚麻纺纱、亚麻纺织、完整的纺织工厂

生产部门	呢绒生产部门（Ⅱ. 羊毛加工）					
指标	8	9	10	11	12	13
1	-0.10	-0.26	0.09	-0.23	-0.21	0.03
2	-0.24	-0.32	-0.14	-0.27	-0.42	-0.08
3	0.12	-0.33	-0.41	-0.30	-0.34	0.06
4	-0.10	-0.28	-0.03	-0.26	-0.38	0.02
5	-0.31	0.65	0.17	0.69	-0.05	-0.40
6	-0.47	0.74	0.30	0.76	-0.14	-0.51
7	0.48	-0.30	0.51	-0.05	0.44	0.54
8	X	-0.26	-0.45	-0.35	0.25	0.34
9	0.38	X	0.28	0.99	0.16	-0.55
10	-0.84	-0.18	X	0.34	0.32	0.12
11	-0.50	0.06	0.79	X	0.16	-0.51
12	0.13	0.63	0.10	0.08	X	-0.17
13	0.20	-0.45	0.06	0.07	-0.18	X

生产部门　亚麻纺纱、亚麻纺织、完整的纺织工厂

表 3　金属加工工业一些生产部门指标之间的相互关系（相关系数）

生产部门	蒸汽机车制造						
指标	1	2	3	4	5	6	7
1	X	0.94	0.90	0.91	0.90	0.96	− 0.26
2	0.83	X	0.90	0.86	0.87	0.97	− 0.50
3	0.03	0.06	X	0.73	0.97	0.93	− 0.40
4	0.98	0.83	0.01	X	0.69	0.84	− 0.20
5	0.32	0.52	0.03	0.33	X	0.91	− 0.36
6	0.87	0.96	0.04	0.85	0.53	X	− 0.42
7	0.68	0.23	0.03	0.68	0.02	0.35	X
8	− 0.28	− 0.32	0.87	− 0.27	− 0.15	− 0.31	− 0.09
9	− 0.31	0.20	0.04	0.30	0.23	0.43	0.45
10	0.74	0.45	− 0.24	0.78	0.20	0.50	0.74
11	0.27	0.39	− 0.18	0.29	0.93	0.42	0.10
12	− 0.26	− 0.30	− 0.08	− 0.36	− 0.21	− 0.32	− 0.20
13	0.33	− 0.01	− 0.09	0.33	− 0.18	− 0.06	− 0.55
生产部门	铸铁生产部门						

生产部门	蒸汽机车制造					
指标	8	9	10	11	12	13
1	0.27	0.33	− 0.31	0.07	0.36	− 0.37
2	0.24	0.22	− 0.43	0.03	0.30	− 0.43
3	0.53	0.27	− 0.55	0.06	0.41	− 0.41
4	0.13	0.23	− 0.20	− 0.01	− 0.01	− 0.30
5	0.51	0.30	− 0.52	0.19	0.5	− 0.41
6	0.30	0.40	− 0.43	0.08	0.38	− 0.52
7	− 0.06	0.14	0.53	0.10	− 0.02	0.41
8	X	0.17	− 0.79	− 0.04	− 0.17	− 0.28
9	− 0.05	X	− 0.16	0.20	0.35	− 0.76
10	− 0.41	0.25	X	0.04	− 0.09	0.60
11	− 0.32	0.21	0.38	X	0.06	− 0.13
12	0.03	− 0.40	− 0.23	− 0.17	X	− 0.17
13	− 0.05	− 0.41	0.41	− 0.11	0.31	X
生产部门	铸铁生产部门					

表 3a　农业机器制造部门指标之间的相互关系（相关系数）

生产部门	13 个对象						
指标	1	2	3	4	5	6	7
1	X	0.41	0.28	0.98	0.90	0.84	0.78
2	0.99	X	0.03	0.50	0.40	0.76	− 0.21
3	0.96	0.97	X	0.29	0.52	0.30	0.23
4	1.00	0.99	0.95	X	0.90	0.87	0.71
5	0.97	0.95	0.9	0.98	X	0.83	0.67
6	1.00	1.00	0.98	0.98	0.94	X	0.36
7	0.42	0.33	0.33	0.42	0.53	0.36	X
8	− 0.06	− 0.09	0.10	− 0.07	− 0.04	− 0.05	0.10
9	0.46	0.41	0.44	0.46	0.55	0.45	0.89
10	0.26	0.20	0.03	0.28	0.34	0.16	0.57
11	− 0.02	− 0.07	− 0.23	0.00	0.13	− 0.10	0.54
12	− 0.32	− 0.33	− 0.28	− 0.33	− 0.41	− 0.30	− 0.36
13	0.20	0.10	0.04	0.22	0.27	0.09	0.54

生产部门 | 15 个对象

生产部门	13 个对象					
指标	8	9	10	11	12	13
1	− 0.04	0.91	0.33	0.61	− 0.53	0.10
2	− 0.37	0.09	− 0.24	0.24	− 0.56	− 0.64
3	0.86	0.42	− 0.60	− 0.39	− 0.31	− 0.19
4	− 0.05	0.86	0.30	0.60	− 0.62	0.03
5	0.20	0.88	0.00	0.47	− 0.54	− 0.10
6	− 0.12	0.67	0.01	0.44	− 0.55	− 0.36
7	0.18	0.90	0.46	0.55	− 0.24	0.58
8	X	0.22	− 0.57	− 0.50	− 0.04	0.00
9	0.18	X	0.26	0.53	− 0.39	0.21
10	− 0.53	0.29	X	0.74	0.01	0.56

生产部门	13 个对象					
指标	8	9	10	11	12	13
11	− 0.48	0.38	0.79	X	− 0.21	0.20
12	0.00	− 0.46	− 0.16	− 0.25	X	0.27
13	− 0.77	0.25	0.71	0.42	0.07	X
生产部门	15 个对象					

表 1、表 1a、表 2、表 3、表 3a 的注。

指标有以下几个。

1. 企业平均产值。

2. 企业工人数量。

3. 企业发动机功率。

4. 企业原料开支。

5. 企业燃料开支。

6. 企业的工资开支。

7. 工人人均产值。

8. 工人人均发动机功率。

9. 工人平均工资。

10. 单位发动机功率创造的产值。

11. 单位发动机功率的燃料开支。

12. 单位原料开支创造的产值。

13. 单位工人开支创造的产值。

附录 VI

带有全部编号和编码的行业和生产部门清单

序号	编码	行业、生产部门、企业、产品的名称
1	2	3
I．棉花加工		
1	I．1	轧棉
2	I．2	棉制品
3	I．3	纺纱
4	I．4	棉毛混纺
5	I．5	制线
6	I．6	织布
	I．7	平绒雕花
7	I．8	纺织
I．棉花加工		
8	I．9	可以染色和装饰的纺织厂
	I．10	有分发办公室的纺织厂
9	I．11	染色—装饰
10	I．12	完整的纺织工厂
	I．13	分发办公室
II．羊毛加工		
11	II．1	洗毛
12	II．2	毛制品
13	II．3	毛纺,设备
14	II．4	精梳毛纺
15	II．5	织布
	II．6	有分发办公室的纺织厂
16	II．7	纺织
17	II．8	纺织—染色,装饰
18	II．9	染色—装饰
19	II．10	羊毛制品

序号	编码	行业、生产部门、企业、产品的名称
1	2	3
20	Ⅱ.11	呢绒
	Ⅱ.12	毛皮染色
21	Ⅱ.13	制作毡靴
Ⅲ.丝织品加工		
22	Ⅲ.1	捯丝
23	Ⅲ.2	捻丝
24	Ⅲ.3	捯丝和捻丝
25	Ⅲ.4	纺纱
26	Ⅲ.5	织布
	Ⅲ.6	有分发办公室的纺织厂
27	Ⅲ.7	可以染色和装饰的纺织厂
28	Ⅲ.8	绦带
29	Ⅲ.9	染色—装饰
30	Ⅲ.10	完整的加工工厂
Ⅳ.亚麻、大麻、黄麻加工		
31	Ⅳ.1	亚麻打麻
32	Ⅳ.2	大麻打麻
33	Ⅳ.3	亚麻纺纱
34	Ⅳ.4	亚麻、大麻、黄麻织布
	Ⅳ.5	分发办公室
35	Ⅳ.6	可以漂白和装饰的亚麻纺织厂
	Ⅳ.7	有分发办公室的亚麻纺织厂
36	Ⅳ.8	亚麻纺纱、亚麻织布、大麻织布
37	Ⅳ.9	漂白和装饰
38	Ⅳ.10	完整的纺织厂
39	Ⅳ.11	黄麻加工企业
40	Ⅳ.12	制作缆索和绳索
	Ⅳ.13	分发办公室
Ⅴ.混合材料、拉模、物料的加工		
41	Ⅴ.1	透花纱、花边等
42	Ⅴ.2	绦带、丝带、金银饰带

序号	编码	行业、生产部门、企业、产品的名称
1	2	3
43	V.3	传送带、帆布
44	V.4	金线、银线纺纱
45	V.5	缝制内衣、枕套和床单,领带制作,裁缝铺
46	V.6	家具套罩、地毯
47	V.7	油布和漆布
48	V.8	帽子
	V.9	伞
49	V.10	纽扣
50	V.11	布娃娃和玩具
	V.12	赛璐珞制品
Ⅵ. 造纸部门		
51	Ⅵ.1	木浆
	Ⅵ.2	纸浆
52	Ⅵ.3	书写纸生产
53	Ⅵ.4	裱糊纸、染色纸
54	Ⅵ.5	油毡纸
55	Ⅵ.6	小册子装订
56	Ⅵ.7	纸板、账本用纸
57	Ⅵ.8	空烟筒
58	Ⅵ.9	纸筒制作,用机器生产制型纸
	Ⅵ.10	纸袋、信封
	Ⅵ.11	印刷厂
Ⅶ. 木材加工		
59	Ⅶ.1	锯木,制板
60	Ⅶ.2	镶木地板,建筑细木工
61	Ⅶ.3	制木桶,箍木桶
62	Ⅶ.4	木箱、棺材
63	Ⅶ.5	箱子
64	Ⅶ.6	弧形家具、多层板制品
	Ⅶ.7	家具细木工
65	Ⅶ.8	窗框、缘条

序号	编码	行业、生产部门、企业、产品的名称
1	2	3
	VII.9	雕刻圣像壁
66	VII.10	车床制品、梭子
	VII.11	靴子、鞋钉、匣
67	VII.12	大钢琴、琴弦
68	VII.13	生产软木制品
69	VII.14	用树条、椴树韧性纤维、干草编筐
	VII.15	其他（车辕、轭）
IX. 矿物质加工		
70	IX.1	刮刀、精致玻璃制品、镜子
71	IX.2	瓷器
72	IX.3	陶瓷生产、赤陶制品
73	IX.4	水泥
74	IX.5	石灰、雪花石膏生产部门
	IX.6	人造石、石料加工
75	IX.7	铅笔、彩色铅笔等
76	IX.8	砖和瓦
77	IX.9	耐火砖
78	IX.10	矿物打磨
X. 畜产品加工		
79	X.1	制革
80	X.2	漆皮、皮带
81	X.3	马具鞍件、皮箱
	X.4	熟皮、皮袄
	X.5	生产无指手套和分支套管
82	X.6	制鞋
83	X.7	皮下组织制胶
84	X.8	肠子清洗，用肠子制作琴弦
85	X.9	炼油
86	X.10	制肥皂、蜡烛
87	X.11	硬脂精
88	X.12	加工骨头

续表

序号	编码	行业、生产部门、企业、产品的名称
1	2	3
89	X.13	加工兽毛、羽毛、鬃毛
90	X.14	精制蜂蜡
91	X.15	犄角制品
XII. 化学生产部门		
92	XII A.1	基础化学
93	XII A.2	炸药
94	XII A.3	燃料
95	XII A.4	木材干馏
96	XII A.5	煤气
97	XII A.6	化妆品、药品
98	XII A.7	橡胶
99	XII A.8	人造燃料
100	XII A.9	火柴
101	XII A.10	人造肥料
	XII B.1	石油开采
	XII B.2	承包钻探
	XII B.3	输油管道的输送
	XII B.4	燃气开采
102	XII B.5	炼油
103	XII B.6	石油制品
VIII. 金属加工、机器生产		
104	VIII A.1	铸铁
105	VIII A.2	红铜—青铜、铸锌
106	VIII A.3	生铁—红铜—青铜铸造
107	VIII A.4	钟和铃铛
108	VIII A.5	红铜铠甲、轧锌
109	VIII A.6	钢铁铸造
110	VIII A.7	轧管
111	VIII A.8	铁钉
112	VIII A.9	机器和机械制造
113	VIII A.10	蒸汽机车制造

序号	编码	行业、生产部门、企业、产品的名称
1	2	3
114	ⅧA.11	造船
115	ⅧA.12	锅炉
116	ⅧA.13	农业机器生产

Ⅷ. 金属加工、机器生产

序号	编码	行业、生产部门、企业、产品的名称
117	ⅧA.14	发电工艺
118	ⅧB.2	铁镀锡
119	ⅧB.3	铲子、镰刀
120	ⅧB.4	刀具
121	ⅧB.5	白铁箱
122	ⅧB.6	锁、小五金制品
123	ⅧB.7	铜制家庭用具和教堂用具
124	ⅧB.8	金箔、轧银
125	ⅧB.9	金属器皿
126	ⅧB.10	弹壳、子弹
127	ⅧB.11	制针
128	ⅧB.12	青铜艺术品
129	ⅧB.13	金银首饰、制品
130	ⅧB.14	物理光学仪器、外科器械
131	ⅧB.15	火车车厢
	ⅧB.16	生产铁砂
132	ⅧB.17	生产钢箔和综丝
133	ⅧB.18	锉、手工业工具
134	ⅧB.19	锡、铅器皿
135	ⅧB.20	打铁,制家具
136	ⅧB.21	手工加工条铁
137	ⅧB.22	其他
138	ⅧE.1	铸铁,钢铁铸造
139	ⅧE.2	炼铜
140	ⅧE.3	熔炼锌
	ⅧE.4	熔炼银
	ⅧE.5	熔炼汞

序号	编码	行业、生产部门、企业、产品的名称
1	2	3
	Ⅷ E. 6	熔金实验室
	Ⅷ E. 7	铸币厂
141	Ⅷ E. 8	海军工厂
142	Ⅷ B. 1	铅管
Ⅺ. 食品加工		
143	Ⅺ A. 1	磨面
144	Ⅺ A. 2	磨米
145	Ⅺ A. 3	面和米
146	Ⅺ A. 4	生产通心面和细面条
147	Ⅺ A. 5	烤面包、糖果点心
148	Ⅺ A. 6	干酪、乳酪、罐头
149	Ⅺ A. 7	榨油和萃取油
150	Ⅺ A. 8	咖啡、干菊苣根、芥末
151	Ⅺ A. 9	用土豆制作淀粉
152	Ⅺ A. 10	生产淀粉糖浆
153	Ⅺ A. 11	生产格瓦斯、矿泉水
154	Ⅺ A. 12	屠宰,制作肥皂
155	Ⅺ Б. 1	酿酒
156	Ⅺ Б. 2	生产酵母酒
157	Ⅺ Б. 3	酒精提纯
158	Ⅺ Б. 4	烈性甜酒
159	Ⅺ Б. 5	白兰地葡萄酒
160	Ⅺ Б. 6	啤酒酿造,啤酒蜜酒酿造
	Ⅺ Б. 7	蜜酒酿造
161	Ⅺ Б. 8	甜菜制糖、砂糖
162	Ⅺ Б. 9	制作砂糖、方糖
163	Ⅺ Б. 10	制作方糖
164	Ⅺ Б. 11	烟草
165	Ⅺ Б. 12	国家酒库

附录Ⅶ　各类生产部门构成情况

1 类

53 个对象（32%）

N1（Ⅰ.1 轧棉），N4（Ⅰ.4 棉毛混纺），N5（Ⅰ.5 制线），N6（Ⅰ.6 织布），N8（Ⅰ.9 可以染色的纺织厂），N9（Ⅰ.11 染色装饰），N11（Ⅱ.1 羊毛加工），N15（Ⅱ.5 织布），N17（Ⅱ.8 纺纱，织布），N20（Ⅱ.11 呢绒），N22（Ⅲ.1 捯丝），N24（Ⅲ.3 捯丝和捻丝），N30（Ⅲ.10 完整的丝织品加工厂），N33（Ⅳ.3 纺纱），N35（Ⅳ.6 可以漂白的纺织厂），N36（Ⅳ.8 纺纱和织布），N40（Ⅳ.12 缆绳和绳索），N43（Ⅴ.3 帆布），N46（Ⅴ.6 家具套罩），N47（Ⅴ.7 油布），N52（Ⅵ.3 书写纸），N58（Ⅵ.9 纸筒），N59（Ⅶ.1 锯木），N68（Ⅶ.13 软木制品），N73（Ⅸ.4 水泥），N74（Ⅸ.5 石灰生产），N78（Ⅸ.10 矿物打磨），N79（Ⅹ.1 制革），N83（Ⅹ.7 制胶），N86（Ⅹ.10 制肥皂），N88（Ⅹ.12 加工骨头），N92（ⅫA.1 化学），N93（ⅫA.2 炸药），N94（ⅫA.3 燃料），N95（ⅫA.4 木材干馏），N97（ⅫA.6 化妆品），N103（ⅫB.6 石油制品），N111（ⅧA.8 铁钉），N124（ⅧB.8 金），N126（ⅧB.10 弹壳、子弹），N146（ⅪA.4 生产通心面），N149（ⅪA.7 榨油），N150（ⅪA.8 咖啡），N151（ⅪA.9 淀粉），N152（ⅪA.10 淀粉糖浆），N154（ⅪA.12 屠宰），N155（ⅪБ.1 酿酒），N156（ⅪБ.2 酵母酿酒），N157（ⅪБ.3 酒精提纯），N159（ⅪБ.5 白兰地葡萄酒），N160（ⅪБ.6 啤酒酿造），N161（ⅪБ.8 甜菜制糖），N162（ⅪБ.9 制作砂糖、方糖）。

2 类

19 个对象（12%）

N2（Ⅰ.2 棉制品），N3（Ⅰ.3 纺纱），N14（Ⅱ.4 精梳毛纺），N25（Ⅲ.4 纺纱），N39（Ⅳ.11 黄麻加工），N51（Ⅵ.1+2 木浆、纸浆），N87（Ⅹ.11 硬脂精），N99（ⅫA.8 人工燃料），N101（ⅫA.10 人工肥料），

N102（ⅫБ.5 炼油），N108（ⅧA.5 红铜铠甲，轧锌），N109（ⅧA.6 钢铁铸造），N110（ⅧA.7 轧管），N138（ⅧE.1 铸铁，钢铁铸造），N141（ⅧE.8 海军工厂），N143（ⅪA.1 磨面），N144（ⅪA.2 磨米），N145（ⅪA.1 面和米），N163（ⅪБ.10 制作方糖）。

3 类

5 个对象（3%）

N7（Ⅰ.8 纺纱，织布），N10（Ⅰ.12 完整的纺织工厂），N38（Ⅳ.10 完整的纺织工厂），N98（ⅫA.7 橡胶），N113（ⅧA.10 蒸汽机车制造）。

4 类

53 个对象（33%）

N12（Ⅱ.2 毛制品），N13（Ⅱ.3 毛纺，设备），N16（Ⅱ.7 纺纱，织布），N18（Ⅱ.9+12 染色，装饰），N19（Ⅱ.10 羊毛制品），N23（Ⅲ.2 捻丝），N28（Ⅲ.8 绦带），N29（Ⅲ.9 染色，装饰），N34（Ⅳ.4 织布），N37（Ⅳ.9 漂白和装饰），N41（Ⅴ.1 绦带），N42（Ⅴ.2 传送带、帆布），N48（Ⅴ.8 伞），N50（Ⅴ.11+12 布娃娃），N53（Ⅵ.4 裱糊纸），N56（Ⅵ.7 纸板），N60（Ⅶ.2+7 镶木地板），N61（Ⅶ.3 制木桶），N62（Ⅶ.4+9+15 木箱，雕刻，其他），N63（Ⅶ.5 箱子），N64（Ⅶ.6 弧形家具、多层板制品），N65（Ⅶ.8 窗框、缘条），N66（Ⅶ.10+11 车床制品，鞋钉），N67（Ⅶ.12 大钢琴），N70（Ⅸ.1 刮刀），N71（Ⅸ.2 瓷器），N72（Ⅸ.3+6 马约利卡彩陶制品），N75（Ⅸ.7 铅笔），N76（Ⅸ.8 砖），N77（Ⅸ.9 耐火砖），N91（Ⅹ.15 犄角制品），N96（ⅫA.5 煤气），N104（ⅧA.1 铸铁），N105（ⅧA.2 红铜—青铜，铸锌），N106（ⅧA.3 生铁—红铜—青铜铸造），N112（ⅧA.9 机器和机械制造），N114（ⅧA.11 造船），N115（ⅧA.12 锅炉），N116（ⅧA.13 农业机器生产），N117（ⅧA.14 发电工艺），N122（ⅧБ.6 锁，小五金），N125（ⅧБ.9 金属器Ⅲ），N129（ⅧБ.13 首饰，制品），N131（ⅧБ.15 火车车厢），N132（ⅧБ.17 生产钢箔和综丝），N133（ⅧБ.18 锉），N134（ⅧБ.19 镀锡器皿），N135（ⅧБ.20 打铁），N136（ⅧБ.21 手工加工），N142（ⅧБ.1 铅管），N164（Ⅺ

Б. 11 烟草）。

5 类

14 个对象（8%）

N21（Ⅱ. 13 制作毡靴），N26（Ⅲ. 5 织布），N27（Ⅲ. 7 可以染色和装饰的纺织厂），N45（Ⅴ. 5 缝制内衣、枕套和床单），N49（Ⅴ. 10 纽扣），N54（Ⅵ. 5 油毡纸），N80（Ⅹ. 2 +4 漆皮、熟皮），N81（Ⅹ. 3 马具鞍件），N82（Ⅹ. 6 制鞋），N100（ⅫA. 9 火柴），N120（ⅧB. 4 刀具），N123（ⅧB. 7 教堂用具），N127（ⅧB. 11 制针），N139（ⅧE. 2 炼铜）。

6 类

11 个对象（7%）

N31（Ⅳ. 1 亚麻打麻），N32（Ⅳ. 2 大麻打麻），N69（Ⅶ. 14 用树条和干草编筐），N84（Ⅹ. 8 肠子清洗），N85（Ⅹ. 9 炼油），N89（Ⅹ. 13 加工兽毛），N90（Ⅹ. 14 精致蜂蜡），N107（ⅫA. 4 钟），N147（ⅪA. 5 烤面包），N158（ⅪБ. 4 烈性甜酒），N165（ⅪБ. 12 国家酒库）。

7 类

10 个对象（6%）

N44（Ⅴ. 4 金线、银线纺纱），N55（Ⅵ. 6 小册子装订），N57（Ⅵ. 8 + 10 空烟筒、信封），N118（ⅧB. 2 铁镀锡），N119（ⅧB. 3 铲子、镰刀），N121（ⅧB. 5 白铁箱），N128（ⅧB. 12 青铜艺术品），N130（ⅧB. 14 仪器、器械），N148（ⅪA. 6 干酪、乳酪、罐头），N153（ⅪA. 11 格瓦斯、矿泉水）。

参考书[*]

1. Перечень фабрик и заводов. Фабрично-заводская промышленность России. СПб. . 1897.

2. Железные дороги Европейской и Азиатской России. СПб. . 1899.

3. Статистические сведения о фабриках и заводах по производствам. не обложенным акцизом. за 1900 год. СПб. . 1903.

4. Список фабрик и заводов Европейской России. СПб. . 1903.

5. Езиоранский Л. К. Фабрично-заводские предприятия Российской империи. СПб. . 1909.

6. Статистические сведения по обрабатывающей фабрично-заводской промышленности Российской империи за 1908 год. СПб. . 1912.

7. Список фабрик и заводов Российской империи. СПб. . 1912.

8. Статистический ежегодник на 1912 год. Под ред. В. И. Шарого. СПб. . 1912.

Тоже-на 1913 год. СПб. . 1913.

Тоже-на 1914 год. СПб. . 1914.

---

* 列举的是主要的统计出版物。

9. Фабрично-заводская промышленность Европейской России в 1910 – 1912 гг. Вып. 1 – X11. Общие итоги. Пг. . 1914 – 1915.

10. Фабрично-заводские предприятия Российской империи. Изд. 2 – е. Пг. . 1915.

11. Статистика прямых налогов и пошлин. Государственный промысловый налог. Основной налог с отчетных и неотчетных предприятий и дополнительный налог с неотчетных предприятий за 1912 год. Пг. . 1915.

12. Статистический сборник за 1913 – 1917 гг. // Труды ЦСУ. ТУН. Вып. 1. М. . 1921 ; Вып. 2. М. . 1922.

13. Железнодорожный транспорт в 1913 г. (Статистические материалы.) М. . 1925.

14. Центрально-промышленная область. Сб. статистических сведений. М. . 1925.

15. Промышленная перепись 1918 года. // Труды ЦСУ. Т. XXУ1. Вып. 1. М. . 1926.

16. Мелкая и кустарно-ремесленная промышленность Союза ССР в 1925 г. Предварительные итоги // Труды ЦСУ. Т. XXX Ⅲ. Вып. 1. М. . 1926.

17. Цензовая промышленность. Приложение к “Атласу промышленности СССР” . Вып. 1. М. 1930.

18. Динамика российской и советской промышленности в связи с развитием народного хозяйства за сорок лет (1887 – 1926 гг.). Т. 1. 4. 1 – 3. М. ; Л. . 1929 – 1930.

19. Анфимов А. М. Соловьева А. М. Изучение социально-экономической истории пореформенной России // Изучение отечественной истории в СССР между XX Ⅳ и XXV съездами КПСС. Вып. 2. Дооктябрьский период. М. . 1978.

20. Банасюкевич В. Д. К вопросу’ об изучении массовых исторических

источников // Тр. ВНИИДАД. Т. У1. 4. 1. М. . 1976.

21. Бовыкин В. И. Социально-экономические предпосылки Великой Октябрьской социалистической революции // Коммунист. 1977. N 8.

22. Бовыкин В. И. Россия накануне великих свершений. К изучению социально-экономических предпосылок Великой Октябрьской социалистической революции. М. . 1988.

23. Бовыкин В. И. Проблема перестройки исторической науки и вопрос о " новом направлении " в изучении социально-экономических предпосылок Великой Октябрьской социалистической революции // История СССР. 1988. N 5.

缩写词目录

МФ—财政部

МТиПр—工商业部

ЦСК—中央统计委员会

ЦСУ—中央统计管理局

ССППТ—工商业代表大会委员会

ЦПР—中部工业区

ДРСП—《随着 40 年间国民经济的发展俄国和苏联工业动态》出版物

ФЗП—《帝俄工厂企业》出版物

图书在版编目（CIP）数据

20 世纪初俄国工业简史／（俄罗斯）斯韦特拉娜·弗
拉基米罗夫娜·沃龙科娃著；王学礼译. —— 北京：社
会科学文献出版社，2017.9
　（俄国史译丛）
　ISBN 978 - 7 - 5201 - 0693 - 1

　Ⅰ.①2…　Ⅱ.①斯…　②王…　Ⅲ.①工业史 - 俄罗斯
- 近代 - 教材　Ⅳ.①F451.29

　中国版本图书馆 CIP 数据核字（2017）第 081403 号

· 俄国史译丛 ·

20 世纪初俄国工业简史

著　　者／〔俄罗斯〕斯韦特拉娜·弗拉基米罗夫娜·沃龙科娃
译　　者／王学礼

出 版 人／谢寿光
项目统筹／恽　薇　高　雁
责任编辑／王婧怡　孙连芹

出　　　版／社会科学文献出版社·经济与管理分社（010）59367226
　　　　　　　地址：北京市北三环中路甲 29 号院华龙大厦　邮编：100029
　　　　　　　网址：www.ssap.com.cn
发　　　行／市场营销中心（010）59367081　59367018
印　　　装／三河市东方印刷有限公司

规　　　格／开　本：787mm × 1092mm　1/16
　　　　　　　印　张：13.25　字　数：200 千字
版　　　次／2017 年 9 月第 1 版　2017 年 9 月第 1 次印刷
书　　　号／ISBN 978 - 7 - 5201 - 0693 - 1
著作权合同
登 记 号　　／图字 01 - 2017 - 5956 号
定　　　价／89.00 元

本书如有印装质量问题，请与读者服务中心（010 - 59367028）联系